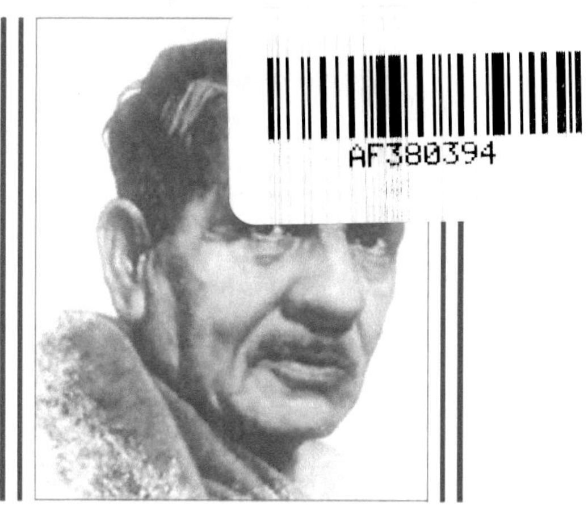

फ़िराक़ गोरखपुरी

(28 अगस्त 1896 – 3 मार्च 1982)

फ़िराक़ गोरखपुरी बीसवीं सदी के उर्दू के एक महत्त्वपूर्ण शायर थे। हिन्दू कायस्थ परिवार में जन्मे फ़िराक़ गोरखपुरी का वास्तविक नाम रघुपति सहाय था। काफी अरसे तक इलाहाबाद विश्वविद्यालय में वे अंग्रेजी के लेक्चरर रहे और वहीं पर उन्होंने अपनी सबसे मशहूर पुस्तक *गुले-नग्मा* लिखी जिसके लिए उन्हें 1969 में ज्ञानपीठ पुरस्कार से नवाज़ा गया। इससे पहले 1960 में उन्हें साहित्य अकादमी पुरस्कार और 1968 में पद्मभूषण से सम्मानित किया गया। उन्होंने ग़ज़ल, नज़्म, रुबाई और क़ता के अलावा उर्दू गद्य तथा साहित्यिक और सांस्कृतिक विषयों पर हिन्दी और अंग्रेज़ी में भी लिखा। उनकी शायरी में परम्परागत विषय-वस्तु से लेकर राजनीति और वर्ग-संघर्ष सभी कुछ मिलता है।

फ़िराक़ गोरखपुरी आधुनिक उर्दू शायरी के महाकवि हैं। उन्होंने कई छन्द रूपों में शायरी की है लेकिन उनकी पहचान उनकी ग़ज़लें हैं और ये ग़ज़लें ग़ालिब की परम्परा की ग़ज़लों से आगे जाकर खास हिन्दुस्तानी ज़मीन पर तुरखुस होती हैं। समूची भारतीय संस्कृति और कवि की निजी चेतना इनकी शायरी की खासियत है। ये भावों की गहराई और ज्ञान की ऊँचाई तक जाती हैं। दो शब्दों में कहें, तो फ़िराक़ की ग़ज़लें ग़मे-ज़ानां से ग़मे-दौरां का मुसलसल सफ़र हैं।

सरगम

फ़िराक़ गोरखपुरी

ISBN : 9789350643648

संस्करण : 2017 © राजपाल एण्ड सन्ज़

SARGAM (Poetry) by Firaq Gorakhpuri

राजपाल एण्ड सन्ज़

1590, मदरसा रोड, कश्मीरी गेट-दिल्ली-110006

फोन: 011-23869812, 23865483, फैक्स: 011-23867791

e-mail : sales@rajpalpublishing.com

www.rajpalpublishing.com

www.facebook.com/rajpalandsons

भूमिका

महाकवि कहलाना उसी कवि को शोभा देता है जो सृष्टि और जीवन के महत्त्व की चेतना और अनुभव लाखों-करोड़ों व्यक्तियों को दे सके। आज से साठ-पैंसठ बरस पहले जब रघुपति सहाय 'फ़िराक़' ने काव्य-रचना शुरू की तो भारत का पुनरुत्थान या पुनर्जागरण अपनी जवानी पर आ रहा था। महर्षि दयानन्द सरस्वती, राजा राममोहन राय, परमहंस रामकृष्ण, स्वामी विवेकानन्द, स्वामी रामतीर्थ, श्री अरविन्द घोष, रानाडे, तिलक, गोखले और अनेक दूसरे महापुरुषों ने एक नये भारत को जन्म देना शुरू कर दिया था। साहित्य में यह पुनर्जागरण बंकिमचन्द्र चटर्जी, भारतेन्दु हरिश्चन्द्र, शरतचन्द्र, पंडित रतननाथ सरशार, चकबस्त, प्रेमचन्द, श्री रमेशचन्द्र दत्त की कृतियों द्वारा वाणी पा रहा था। कुछ मुसलमान लेखक भी मैदान में आ गये। लेकिन विदेशी शासन के कारण, मुसलमानों की जागृति में इस शासन की कूटनीति और सर सैयद अहमद आदि मुस्लिम नेताओं के द्वारा चलाये गये आन्दोलन ने मुस्लिम जागरण को भारत के राष्ट्रीय जागरण से कुछ अलग कर दिया था। मुस्लिम समाज का समस्त भारत के राष्ट्रीय जागरण से अलग-थलग रहना, बल्कि उसका विरोध तक करना उस समय के मुस्लिम साहित्य में खुले या छिपे ढंग से दिखाई देता है। गुरुदेव टैगोर ने इसे मुस्लिम विलगता (Muslim exclusivism) कहा है। यह ज़रूर है कि सच्चाई अपने आपको मनवा लेती है। इसके कारण मुस्लिम साहित्य में साथ ही साथ दो आवाज़ें सुनाई पड़ती हैं। एक तो आज़ाद और भारतीयता की आवाज़ है, दूसरी आवाज़ भारतीय या राष्ट्रीय जीवन की प्रमुख धारा या असली बहाव से कुछ अलग-थलग या अजनबी रहने की प्रवृत्ति या धारणा।

'फ़िराक़' साहब के जीवन में दस या ग्यारह वर्ष की उम्र से ही भारतीयता की केन्द्रिक प्रेरणायें और शक्तियाँ चुपचाप अपना काम करने लगी थीं। जैसे-जैसे उनकी उम्र बढ़ती गई और उनकी मनोवृत्तियों और आन्तरिक-प्रेरणाओं का गुप्त रूप से विकास होता गया, उनमें भारत चेतना प्रबल होती गई। उनके घरेलू जीवन में कुछ घटनाओं का उन पर गहरा प्रभाव पड़ता रहा। वेदान्त के ज्ञानी और प्रचारक संन्यासी महात्मा अक्सर उनके पिता के यहाँ आते-जाते

रहे। बचपन में 'फ़िराक़' के मास्टर साहब फ़िराक़ और उनके भाई-भतीजों के सामने तुलसीकृत 'रामायण' का पाठ करते थे; जिससे फ़िराक़ बहुत प्रभावित होते थे। घरवालों और पड़ोसियों से भारतीय लोक-कथायें सुनकर उनका मुस्तक़िल असर फ़िराक़ के बचपन पर पड़ता रहा और वह भीतर ही भीतर बनते रहे। लोक-संगीत और लोक-कथायें उनकी चेतना के रूप-रंग पर अपना गहरा असर डालती रहीं। आज जबकि आधी शताब्दी से फ़िराक़ साहब की ख्याति अखण्ड भारत में एक कवि की हैसियत से फैल चुकी है, फिर भी जिस बात को बहुत कम लोग जानते हैं वह यह है कि जिन शक्तियों ने उन्हें कवि बनाया और उस तरह का कवि बनाया जैसी उनकी कविता है, वह काव्य रचना की शक्तियाँ नहीं थीं; बल्कि एक नई तरह की भारत-चेतना की शक्तियाँ थीं। उनके अन्दर भारतीयता एक विशेष व्यक्तित्व और रूप-रेखा के साथ जन्म ले रही थी और भारतीय संस्कृति की मौलिक प्रेरणायें उनके भीतर काम कर रही थीं। उनके भीतर भारतीय-आत्मज्ञान चुपचाप जन्म ले रहा था।

यह संग्रह केवल फ़िराक़ की ग़ज़लों का संग्रह है। जो बातें फ़िराक़ के सम्बन्ध में अभी-अभी कही गई हैं, उनका अत्यन्त सुन्दर और चमत्कारपूर्ण वर्णन फ़िराक़ की अनेक कविताओं में मिलता है, जो ग़ज़लों नहीं नज़्मों की शक्ल में हैं। इन कविताओं की प्रमुख मिसाल उनकी कविता 'हिंडोला' में पाई जाती है। हिंडोला के अलावा, नग़मये हक़ीक़त, जुगनू, रूप की रुबाइयाँ, आधी रात, परछाइयाँ और भारत दर्शन की रुबाई आदि ऐसी रचनायें हैं जो फ़िराक़ की आन्तरिक प्रेरणाओं का पता देती हैं। इन आन्तरिक प्रेरणाओं ने फ़िराक़ के बाल्यकाल और उनकी उठती हुई जवानी में एक ऐसा चमत्कार पैदा कर दिया था और उनके व्यक्तित्व में ऐसी रहस्यपूर्ण गहराइयों का पता देना शुरू कर दिया था, जिससे उनके साथी-सहयोगी और घर के बड़े या उनके अध्यापक एक अवर्णनीय और अकथनीय ढंग से प्रभावित हो जाते थे। सौभाग्य से इसी ज़माने में उन्होंने एफ.ए. और बी.ए. की शिक्षा प्राप्त कीं और बचपन की अर्द्ध-ज्ञात शक्तियों ने अपने आपको पाना और पहचानना शुरू कर दिया। न्याय (Logic), दर्शन (Philosophy), साहित्य में वर्ड्स्वर्थ, कीट्स, शैली, टेनीसन और दूसरे विख्यात कवियों की रचनायें सूर, तुलसी, कबीर, मीरा, रहीम और उच्चतम फ़ारसी कवियों की कृतियाँ; वेदान्त पर स्वामी रामतीर्थ, स्वामी विवेकानन्द इत्यादि के विश्व-विख्यात भाषण; इंग्लैंड और यूरोप तथा अमेरिका के उन विचारकों के लेख, जिन्होंने भारतीय संस्कृति का सुन्दरतम उल्लेख किया था और इन सबके अतिरिक्त फ़िराक़ का अपना मौलिक चिंतन और मनन—ये सब शक्तियाँ मिलकर काम करने लगीं। जब इन शक्तियों ने अपना पहला चरण समाप्त कर लिया तब पहले-पहल फ़िराक़ की कविता ने जन्म लिया

और फ़िराक़ एक उभरते हुए कवि की हैसियत से लोगों के सामने आने लगे।

फ़िराक़ साहब पर चारों तरफ़ से मुसीबतों और बरबादियों के पहाड़ टूट पड़े थे। न जाने किन गुप्त शक्तियों और प्रेरणाओं की सहायता से फ़िराक़ साहब ने इन नारकीय परिस्थितियों में अपनी मानसिक शक्तियों को इतना बचा रखा कि एफ.ए. और बी.ए. की शिक्षा और परीक्षाओं में उनका चमत्कार अध्यापकों और सहपाठियों में बना और बचा रह गया। एफ.ए. में फ़िराक़ साहब का पूरे प्रदेश में सातवाँ स्थान था और पंडित अमरनाथ झा का तीसरा स्थान था। बी.ए. में फ़िराक़ साहब का चौथा स्थान था और डॉ. ज़ाकिर हुसैन का तीसरा। यह है 1918 के जुलाई तक फ़िराक़ साहब के विकास और उन्नति की सच्ची कहानी। इसी दौरान वह अंग्रेज़ी राज्य की उच्चतम पदवियों, अर्थात् पी.सी.एस. और आई.पी.एस. के लिए चुन लिये गये थे, अपने सहपाठियों से बहुत आगे बढ़ गये।

सन् 1914 में उनका ब्याह हुआ जो एक निहायत अन्त:करण-हीन पतित दृष्टिकोण रखने वाले आदमी ने तय कराया था–फ़िराक़ साहब और उनके पूरे परिवार को धोखा देकर। जब फ़िराक़ साहब की स्त्री विदा होकर फ़िराक़ साहब के घर आई तब देखा गया कि लड़की बहुत ही कुरूप थी। न तो वह लड़की इतने अच्छे घराने में आने के लायक थी और न ही उसके घरवाले इस योग्य थे कि फ़िराक़ साहब और उनके परिवार के रिश्तेदार बन सकें। लड़की गिनती तक नहीं जानती थी। 'रामचरितमानस' की एक पंक्ति तक नहीं पढ़ सकती थी। न घर का हिसाब-किताब रख सकती थी। न किसी तरह का खाना बनाना जानती थी। फ़िराक़ साहब के घर में उसके आने के दिन से ही सबको हर समय ऐसा ही लगता था कि इस घर में किसी की मृत्यु हो गयी है। उसके एक बेटा भी पैदा हुआ, जो बिलकुल अपनी माँ पर गया था। स्कूल के लड़के यह देखकर, कि कितने बड़े बाप का बेटा है, यह समझ-सोच नहीं पाते थे कि उनकी माँ कितनी कुरूप और कितनी बड़ी डलर्ड (मूर्ख) है। नवें दर्जे में बार-बार फेल हो जाने पर और सहपाठियों के निर्दय मज़ाक के कारण इस लड़के ने अट्ठारह-उन्नीस वर्ष की उम्र में ही आत्महत्या कर ली। लेकिन उसकी माँ घर में बनी रही और उसकी मनहूसियत के फलस्वरूप फ़िराक़ साहब का घर सिरे से उजड़ गया और एक हरा-भरा लहलाता हुआ बाग़ एक मुर्दाघाट बन गया। कई बार फ़िराक़ साहब की स्त्री को उसके मायके भेज दिया गया, लेकिन उससे दो एक लड़कियाँ भी पैदा हो चुकी थीं, इसलिये लगभग चालीस वर्ष तक खून के घूंट पीकर फ़िराक़ साहब ने अपनी स्त्री को अपने साथ उसी घर में रखा जो उजड़ कर रेगिस्तान बन चुका था। फ़िराक़ साहब के घरवालों को यह अनुभव हुआ

कि जिस परिवार से वह आई है वह परिवार ही ऐसा है, जिसे अंग्रेज़ी में Sub-normal या imbecile कहते हैं। इस परिवार और इसके निकटतम परिवारों की कुछ लड़कियाँ जो दूसरे घरों में गईं वहाँ भी नतीजा बहुत ख़राब निकला। यह अत्यन्त tragedy या दु:खान्त नाटक ख़ास-ख़ास लोग ही जानते हैं। इन हालातों में फ़िराक़ साहब ने काव्य रचना शुरू की और उनके महत्त्वपूर्ण व्यक्तित्व ने पहले उर्दू जगत में और फिर क्रमश: सम्पूर्ण भारत के साहित्यिक जगत में उच्चतम स्थान पाना आरम्भ कर दिया। यह ख्याति उस हालत में फ़िराक़ साहब ने प्राप्त करनी शुरू की जब उनके जीवन का घातक और सर्वनाशी घाव अभी बिलकुल नया-नया था और कभी अच्छा होने वाला नहीं था। बी.ए. में आने से पहले ही यह घाव लग चुका था। उस पूरे वर्ष में एक रात भी फ़िराक़ साहब को नींद नहीं आई और उन्हें भयानक संग्रहणी का असाध्य रोग लग गया, जिसके कारण फ़िराक़ साहब को साल भर के लिए कॉलेज छोड़ देना पड़ा। पंडित त्रयम्बक शास्त्री से बनारस में इलाज करवाया गया और तब फ़िराक़ साहब की जान बाल-बाल बची। लेकिन एक शाप की तरह विवाह से पैदा होने वाला दु:ख अपना घातक काम करता रहा। फ़िराक़ साहब अस्सी वर्ष की उम्र के बाद इतने रोगों के शिकार हो गये थे कि वह चारपाई नहीं छोड़ सकते थे।

कई बरस हुए जब एक बार फ़िराक़ साहब अपने जन्म-स्थान गोरखपुर गये हुए थे तो जिस धोखेबाज़ ने उनको और उनके परिवार को धोखा देकर उनका ब्याह करवाया था, उससे और उनके ससुर से फ़िराक़ साहब की भेंट हुई। फ़िराक़ साहब ने ब्याह के मामले में विश्वासघात का जब ज़िक्र किया तो उनके ससुर ने बताया कि सब मित्रों, सम्बन्धियों और ख़ासकर ज्योतिषियों ने इस विवाह के खिलाफ़ आवाज़ उठाई थी और मैं यह जानता था कि यह विवाह भयानक हद तक अनुचित है। लेकिन मुझे तो अपने घर का बोझ हल्का करना था। जिस धोखेबाज़ ने यह ब्याह तय किया था उसने यहाँ तक मान लिया कि ब्याह बिलकुल धोखा देकर किया गया था, आप चाहें तो दूसरा ब्याह कर लें। फ़िराक़ साहब ये बातें सुनकर हक्का-बक्का रह गये। इस विवाह से उन पर और उनके घर पर इतनी मुसीबतें आ चुकी थीं कि दूसरा ब्याह क्या करते! तब उनकी उम्र भी पचास वर्ष के लगभग हो चुकी थी। इस धोखेबाज़ ने अपनी निहायत गंवार और फूहड़ सगी बहन का ब्याह भी धोखा देकर फ़िराक़ साहब ही के एक दोस्त से कर दिया था। ब्याह के बाद लड़की के विदा होने से पहले कुछ ही देर के लिए ससुराल में इस लड़की को देखकर उसे इतनी घृणा हुई कि उसने उसे ज़िन्दगी भर के लिए त्याग दिया। गौना या विदाई हुई ही नहीं। उसने अपना दूसरा ब्याह कर लिया और

एक सुहागिन विधवा की तरह इस धोखेबाज़ की बहन ब्याह के लगभग तीस बरस तक अपने मैके ही में पड़ी रहकर मर गई। फ़िराक़ साहब के जीवन में जिस आन्तरिक विनाशकारी दु:ख ने उन्हें जीवनभर के लिए बर्बाद कर दिया था, उसे फ़िराक़ साहब के परिवार के लोग और सब रिश्तेदार जानते हैं। फिर भी फ़िराक़ साहब ने अपने आपको मर-मर के सँभाले रखा और मुसीबतों से लड़ते हुये वह ख्याति अर्जित करते गये।

सन् 1918 में फ़िराक़ साहब ने बी.ए. का इम्तिहान पास किया और पूरे उत्तर प्रदेश में उनकी पोज़ीशन चौथी आई, जैसा कि पहले बताया जा चुका है। इसी साल पिता की मृत्यु के कारण लगभग पचास हज़ार रुपये का क़र्ज़ा, छोटी बहनों-भाइयों के पालन-पोषण और शिक्षा का बोझ और परिवार का सम्मान या हैसियत बनाये रखने का दायित्व फ़िराक़ साहब के कन्धों पर आ पड़ा। लगभग दो वर्ष तक गोरखपुर, अपने घर, रहकर अपने पिता के खरीदे हुये कुछ गाँवों को बेचकर उन्होंने परिवार का क़र्ज़ा चुकाया। इसी ज़माने में उनकी गहरी दोस्ती और हर वक्त का साथ सुप्रसिद्ध साहित्यकार प्रेमचन्द से और उर्दू के सुप्रसिद्ध लेखक मंज़र गोरखपुरी से क़ायम हुआ। मुसीबतों में फँसे रहते हुये भी फ़िराक़ साहब ने अंग्रेज़ी में उच्चतम विश्व साहित्य का अध्ययन जारी रखा। उर्दू और फ़ारसी में भी उनका अभ्यास बहुत बढ़ गया। पंडित जवाहरलाल नेहरू ने उन्हें अपने बहुत निकट कर लिया। उनके प्रभाव से और अपनी आन्तरिक प्रेरणाओं से विश्व संस्कृति की गहरी बातों का अध्ययन और उस पर चिन्तन फ़िराक़ के जीवन में आरम्भ हो चुका था। एच.जी. वेल्स, बरनार्ड शॉ, रोमा रोलां, आनन्दकुमार स्वामी, हेक्लाक एलिस, एडवर्ड कारपेन्टर, श्री अरविन्द घोष और मार्क्सिज़म इत्यादि के मौलिक चिन्तन और आन्तरिक अनुभव के साथ उन्होंने अध्ययन शुरू किया। इस तरह एक सम्पन्न और सुसज्जित दिमाग़ के साथ इसी ज़माने में उन्होंने अपनी उर्दू शायरी शुरू की। उनकी आरम्भिक रचनाओं में भी अद्वितीय चिन्तन, मनन और अध्ययन का वज़न, उसकी गहराई और उसका चमत्कार पहले दिन ही से प्रतिध्वनित होने लगा, कच्चापन, छिछलापन और सस्तापन फ़िराक़ साहब की शायरी में कभी नहीं आया। उनकी कही हुई आठ-दस हज़ार से भी अधिक पंक्तियों में मुश्किल से दस-पन्द्रह पंक्तियाँ हल्की मिलेंगी। फ़िराक़ साहब ने अपनी आत्मकथा का और ब्याह ने उन्हें किस तरह डस लिया, बचपन से लेकर बूढ़े होने तक का वर्णन अपने महान काव्य 'हिंडोला' में बड़े सुन्दर, सुगम, स्वाभाविक और मार्मिक ढंग से किया है। फ़िराक़ साहब की यह कविता आदिकाल से अब तक के विश्वकाव्य में कुल दस बारह महानतम् कविताओं

से लग्गा खाती है। इसे पढ़कर प्रत्येक पाठक यह मानने और अनुभव करने पर मजबूर हो जाता है कि शायद इतनी बड़ी कविता हिन्दी, उर्दू, संस्कृत या संसार की किसी और भाषा में मुश्किल ही से मिली।

यह संग्रह प्रकाशक की इच्छानुसार केवल फ़िराक़ साहब की ग़जलों का संकलन है, इसलिये इस संकलन में 'हिंडोला' कविता शामिल नहीं की जा सकी।

'सरगम' में जो ग़ज़लें शामिल हैं उनके शे'रों की संख्या लगभग दो हज़ार है। उन्हें पढ़ने, गुनगुनाने और इनसे सच्चे तौर पर प्रभावित होने से हज़ारों-लाखों पाठकों पर निम्नलिखित प्रभाव बड़े गहरे और कभी न भुलाये जाने वाले अन्दाज़ से पड़ेंगे–

(1) पूरी उर्दू शायरी में फ़िराक़ साहब की शायरी एक नयी आवाज़ के रूप में गूँजती सुनाई देती है। साथ ही लगभग दो सौ वर्षीय उर्दू शायरी की परम्परा ने वाक्य-सौन्दर्य और वाक्य-कौशल के जो आदर्श और नमूने पेश किये थे, उन्हें कहीं से ठेस नहीं लगी। परम्परा का पूरा-पूरा ध्यान रखते हुये उर्दू शायरी को एक नयी आवाज़ देना फ़िराक़ साहब का सबसे बड़ा कारनामा है।

(2) यह नयी आवाज़ दिलों में इस तरह उतरती है गोया हिन्दुस्तान भर की उर्दू शायरी को दो ढाई शताब्दियों से, अर्थात् अपने जन्मदिन से अज्ञात रूप से इन्तिज़ार था। कारलाइल के अनुसार काव्य-नायक वही कवि होता है जो स्पष्ट रूप से कानों और दिलों में गूँजने वाली आवाज़ से उन भावनाओं और आन्तरिक अनुभवों को संगीतमय रूप से प्रतिध्वनित करे, जो पूरे समाज की अर्द्धचेतना में वाणी पाने की प्रतीक्षा कर रहे थे, लेकिन जिन्होंने अभी तक वाणी नहीं पायी थी।

(3) जो गूँज और जो प्रतिध्वनियाँ फ़िराक़ की शायरी में हमें मिलती हैं उनमें एक अद्वितीय सुहानापन है, उनका एक सहज सुभाव है, भारत की धरती की सुगंध है, भारतीय संस्कृति के मातृत्व का स्पर्श है, उनमें अमृत-वाणी का गुण है। ऐसा लगता है कि ग़ज़ल एक देवी के रूप में सोलहों सिंगार के साथ बाल संवारे, केश छिटकाये सामने आकर खड़ी हो जाती है और हमारे आँसुओं को अपने चुम्बन से पोंछ देती है। यह सांत्वना प्रदायिनी विशेषता हमें उर्दू में शायद ही कहीं और मिलती हो। करुण-रस और शान्त-रस का ऐसा संगम फ़िराक़ से पहले उर्दू कविता में बहुत कम देखा गया था। यह गुण हिन्दू-कल्चर की देन है। जब फ़िराक़ साहब को भारतीय ज्ञानपीठ की तरफ़ से 1971 में एक लाख रुपये का इनाम दिया गया तो उनके बारे में जो विज्ञप्ति प्रकाशित की गयी थी उसी विज्ञप्ति में यह बात कई बार दोहराई गयी

थी। फ़िराक़ की कविता में हम किसी अकेले व्यक्ति की आवाज़ नहीं सुनते। भारत के अन्तरिक्ष से जो आवाज़ निकल सकती है, उसी की गूँजें सुनते हैं। फ़िराक़ की उर्दू भाषा में उर्दू और संस्कृत भाषा का फ़र्क़ मिटकर एक ही हो जाता है। फ़िराक़ की उर्दू में हम भारत को प्रतिध्वनित होते सुनते हैं।

(4) लेकिन हमें यह कभी नहीं भूलना चाहिए कि वैदिक काल से वर्तमान युग के भारतीय कल्चर की देन के अतिरिक्त विश्व-संस्कृति और वर्तमान युग की संस्कृति के ख़जाने जो अंग्रेज़ी भाषा और साहित्य के माध्यम से हमें प्राप्त हुये हैं, वे भी फ़िराक़ की आवाज़ में घुल-मिल गये हैं। यूरोप और अमेरिका में अनुवादों के द्वारा फ़िराक़ की कविता के अनेक नमूने पहुँच चुके हैं और इन अनुवादों में यूरोप और अमेरिका के बहुसंख्यक पाठकों ने अपने दिलों की गूँजन सुनी और विश्व संस्कृति की गूँजन सुनी।

(5) उर्दू ग़ज़ल का मुख्य विषय वही है जो जीवन का मुख्य विषय है, जिसमें प्रेम और सौंदर्य विषय को प्रमुख स्थान प्राप्त है। दुनिया भर की शायरी में प्रेम और सौंदर्य के सम्बन्धों और प्रतिक्रियाओं की गूँज सुनाई देती है। लेकिन इस गूँजन में जब तक तह-दर-तह गहराई न हो, गगन-स्पर्शी उच्चता न हो, विश्व के हृदय की धड़कन न सुनाई दे, दैवी और सांसारिक अनुभूतियों का समन्वय और संगम न हो—अर्थात् जब ऐसी कविता विश्व व्यापक और विश्व-चित्रण करने वाली न हो, तब तक प्रेम-काव्य में या ग़ज़ल की शायरी में विश्व साहित्य बनने का गुण नहीं पैदा होता। फ़िराक़ की शायरी में प्रेम-काल सम्पूर्ण विश्व को अपने आलिंगन में लेता हुआ दिखाई पड़ता है।

फ़िराक़ डबडबाई आँखों से प्रेम और सौंदर्य का सच्चे से सच्चा चित्रण करते हैं। ग़म या दु:ख दिल पर जो दाग़ धब्बे पैदा कर देता है, ग़म के आँसू उन धब्बों को धो भी देते हैं। फ़िराक़ की शायरी में ग़म के आँसू अपनी गोद में लिये हुए नज़र आते हैं। इन्हीं आँसुओं के कम्पन की आवाज़ फ़िराक़ की ग़ज़लों में हमें सुनाई देती है। इसी गुण को अंग्रेज़ी कवि मैथ्यू आरनल्ड ने Healing power कहा है। फ़िराक़ की शायरी का यह गुण प्रेम के लगाये हुये घावों और ज़ख्मों पर मरहम का काम करता है। फ़िराक़ साहब की शायरी को पढ़कर कुछ लोगों ने अपने आपको आत्महत्या तक से बचा लिया है। किसी ने कहा है कि हर सच्चा कवि Physician of the Soul होता है। ऐसा ही फ़िज़िशियन भारत और पाकिस्तान में हज़ारों लोगों ने फ़िराक़ की कविता को पाया है।

(6) अखंड भारत में जब आज से चालीस-पचास बरस पहले फ़िराक़ साहब की शायरी पेशावर से बंगाल तक और कश्मीर से कन्याकुमारी तक अच्छी तरह लोकविख्यात हो गयी तो लाखों व्यक्ति यह महसूस करने लगे कि

फ़िराक़ साहब की कविता एक ऐसे सरोवर की तरह है जिसके चारों तरफ़ शीतल छाँव है। इसी छाँव की ठंडक को लाखों व्यक्तियों ने उनकी कविताओं को पढ़कर महसूस किया। जीवन-यात्रा में फ़िराक़ की कविता एक ऐसी ही पंचवटी थी और उसी शान्ति-प्रदायी गुण के कारण फ़िराक़ की शायरी भारत में ही नहीं बल्कि जगत-विख्यात हो गयी। यहाँ तक कि अमेरिका, रूस, इंग्लैंड और यूरोप के दूसरे देशों में भी लोगों की निगाहें फ़िराक़ के नाम और कृतियों पर पड़ने लगी थीं। फ़िराक़ या उनकी ओर से किसी और ने भारत या विदेशों में उनके काव्य का कोई प्रोपेगण्डा नहीं किया। फ़िराक़ ने किसी को अपना शागिर्द नहीं बनाया, लेकिन पिछले तीस-चालीस बरस की उर्दू शायरी में फ़िराक़ के स्वर की प्रतिध्वनि सुनाई देने लगी। इसी से अनेक समालोचकों ने फ़िराक़ को युग-प्रवर्तक माना और कहा है।

(7) फ़िराक़ ने उर्दू की इश्किया शायरी (प्रेम-काव्य) में काया-पलट कर दी थी। दु:ख के अनुभव को भी अमृत से रचा-बसा दिया था। प्रेम के अनुभव को विश्व-अनुभव बना दिया था। फ़िराक़ की ग़ज़लें पढ़ने के बाद और उनका प्रभाव ग्रहण करने के बाद जीवन का दिव्य रूप झलकने लगता है। फ़िराक़ ने अपने समय की प्रचलित उर्दू कविता की आत्मा ही बदल दी। उर्दू-साहित्य का कल्चर फ़िराक़ की ग़ज़लों में नया जन्म लेता हुआ प्रतीत होता है। प्रेम को एक सस्ती, सतही और केवल रोने-धोने वाली या काम-पीड़ित, वासनामय प्रेरणा होने से फ़िराक़ ने बचा दिया। फ़िराक़ से पहले उच्चतम उर्दू शायरी में भी सांस्कृतिक मूल्य और मान्यतायें एवं कद्रें हैं। लेकिन भारतीय और विश्व-संस्कृति का जैसा पुनीत संगम फ़िराक़ की गज़लों में मिलता है, उसमें हमारी आत्मायें नहा उठती हैं और फ़िराक़ की वाणी अमृत-वाणी बन जाती है। भारत ने फ़िराक़ की शायरी को एक 'Discovery of India' और अपना पुनर्आत्मज्ञान पाया। खड़ी बोली की नयी प्रतिध्वनियाँ फ़िराक़ की कविता में सुनाई पड़ने लगीं और यही कारण है कि लाखों-करोड़ों ऐसे लोग जो केवल हिन्दी जानते हैं और उर्दू से अपरिचित हैं, फ़िराक़ की आवाज़ की तरफ़ खिंचने लगे थे।

(8) फ़िराक़ की शायरी का सभी पर ऐसा प्रभाव पड़ता है गोया इस शायरी के अक्षर और शब्द लम्बी सांसें ले रहे हैं। इसी से उर्दू शायरी के ढाई-तीन सौ बरस के इतिहास के इक्का-दुक्का ही ऐसे शायर गुज़रे हैं जिनकी कविता दीर्घ-प्राण-ध्वनिमय हो। एक तो ऐसे कवि ग़ालिब है, दूसरे इक़बाल हैं और तीसरे फ़िराक़। इन तीनों की शायरी अधिक से अधिक संगीतमय है। फ़िराक़ की शायरी में शब्द अलाप बन जाते हैं और आकाश में लहराते हुये नज़र आते हैं। पिछले पचहत्तर बरस के अन्दर उर्दू के किसी

शायर के कलाम के (इक़बाल को छोड़ना) इतने ग्रामोफोन रिकॉर्ड नहीं बने हैं जितने फ़िराक़ की ग़ज़लों और नज़्मों के। गाम्भीर्य, सुगमता, सरलता, स्वाभाविकता और सहज-सुभाव का ऐसा संगम उर्दू शायरी के इतिहास में बहुत कम देखा या पाया जाता है।

(9) फ़िराक़ की शायरी में आध्यात्मिक शब्द मौलिक हो जाते हैं और मौलिक शब्द आध्यात्मिक हो जाते हैं। यह दुनिया देवलोक बन जाती है। क्या यह विशेषता या यह गुण हिन्दू कल्चर की सबसे बहुमूल्य मान्यता नहीं है। फ़िराक़ की शायरी की ध्वनि में जो अमरत्व है, वह इसी गुण से पैदा होता है। मामूली से मामूली बात या वस्तु दिव्य बन जाती है। हम हर चीज़ की झलक देखते हुए ऐसा महसूस करते हैं कि देवलोक की झाँकी देख रहे हैं।

(10) कहा गया है कि उर्दू शायरी में ग़ज़ल की कला अधिक से अधिक सहज है और अधिक से अधिक कठिन है। उर्दू के जगत्-विख्यात ग़ज़लगो (ग़ज़ल लिखने वाले) शायर कदाचित ही उतने बड़े नज़्मगो (काव्य-लेखक) शायर हो सके हैं, जितने बड़े वे ग़ज़ल के शायर थे। फ़िराक़ की नज़्मों का संकलन सरगम में शामिल नहीं है। लेकिन जब फ़िराक़ की नज़्में पत्रिकाओं में प्रकाशित हुई तो पाकिस्तान के महान समालोचकों ने कहा कि फ़िराक़ की नज़्मों में ऐसे स्थान झलक उठे हैं जिनको आज तक उर्दू शायरी ने छुआ तक नहीं था। इसकी एक मिसाल फ़िराक़ की रुबाइयों का वह संग्रह है जो 'रूप' के नाम से राजपाल एण्ड सन्ज़ ने हाल ही में प्रकाशित किया है।

(11) कविता की सर्वोत्तम मिसाल आदिकाल से अब तक उन वाक्यों और पंक्तियों में मिलती है जहाँ सरलता, स्वाभाविकता और गाम्भीर्य का संगम हो जाता है। 'सरगम' में संकलित ग़ज़लों को या इनकी सैकड़ों पंक्तियों को अपने मस्तिष्क में गूँजने दीजिये। ऐसा करके आप महसूस करेंगे कि इन पंक्तियों में लोक-परलोक एक ही बिन्दु पर आकर मिल गये हैं। "True to the kindred points of Heaven and Home."

हमें इन पंक्तियों में मानवता या सृष्टि की माँ की गोद मिल जाती है। और हमें वह मीठी नींद मिल जाती है, जो चेतना का सबसे दिव्य-रूप है, "We are laid asleep in body and become living soul."

फ़िराक़ की ग़ज़लों में हम अनित्यता और अमरत्व के सरोवर में अपने आपको बहता हुआ पाते हैं। मामूली से मामूली वस्तुओं और घटनाओं, क्षणिक प्रतिक्रियाओं की जड़ें नित्य के हृदय से फूटती हुई नज़र आती हैं। हम अपनी मानवता को दिव्यता के रूप में देखने लगते

हैं। हम दिव्यता का केवल दर्शन नहीं करते बल्कि उसे स्पर्श भी करने लगते हैं।

(12) उर्दू और भारत की अन्य लोक-भाषाओं के बड़े-से-बड़े कवियों के यहाँ एक अमूल्य गुण बहुत कम मिलता है। वह गुण है स्वर का तहदार होना। फ़िराक़ के यहाँ जगह-जगह ऐसे शे'र मिलते हैं जिनकी आवाज़ या ध्वनि में तहें पड़ती चली जाती हैं। अलाप के अन्दर अलाप सुनाई देने लगता है। आ, ए, ओ, ऊ, ई के कोमल-तनाव में निहित कम्पनों का आभास होता है। यह गुण वह चीज़ है जिसे अंग्रेज़ी में Sub-lyricism कहते हैं। मालूम होता है कि बढ़ती हुई आवाज़ को उसी आवाज़ के भीतर छुपी हुई कोई आवाज़ बराबर रोकती और थामती जा रही है। वेग और ठहराव का ऐसा संगम बहुत कम देखने और सुनने को मिलता है। आगे बढ़ती हुई कविता अपनी ही आवाज़ को सुनते हुए जैसे ठहर जाती है। समालोचकों ने फ़िराक़ की आवाज़ को सोचती हुई आवाज़ बताया है। यह ध्यान-मग्न विचार का वेग फ़िराक़ की कविताओं का बहुमूल्य गुण है। फ़िराक़ की आवाज़ में खटके पड़ते रहते हैं और कवि की चेतना में निमग्नता का गुण पैदा हो जाता है। ऐसा अनुभव होता है कि कवि की आवाज़ अपने आप को आशीर्वाद या दुआएं दे रही है। यह अनहद-नाद लोकवाणी को देववाणी बना देता है, क्षणिक को नित्य बना देता है। चलायमान को शान्ति प्रदान करता है। प्रेमचन्द की उच्चतम कहानियों में इस गुण की झलक मिलती है। प्रकृति के दृश्यों में यही गुण नज़र आता है। हिन्दी कवियों में तुलसीदास की अमृतवाणी में ऐसा ही अनुभव होता है। फ़िराक़ की कवितायें दिलों की धड़कनें बन जाती हैं और अमरत्व की नाड़ी चलती हुई सुनाई देती है। ह्रस्व और दीर्घ के सरगम में कविता के भेद छुपे हुए हैं।

(13) फ़िराक़ की ग़ज़लों में स्थान-स्थान पर ऐसे शे'र आ जाते हैं जो अत्यन्त सूक्ष्म हैं, अर्द्ध-चेतन अनुभवों और सूक्ष्मतम मनोवैज्ञानिक अवस्थाओं की तरफ़ इशारे करते हैं। उर्दू में ऐसी शायरी प्रसिद्ध कवि मोमिन ने की थी और बाद में इस रंग को हसरत मोहानी ने अपनी ग़ज़लों में चमकाया। यह काम बहुत नाज़ुक और प्रेम की अवस्थाओं में रहस्यमयता की झलक पैदा कर देता है।

(14) फ़िराक़ की शायरी उच्चतम कोटि का प्रेम-काव्य है। ऐसी कविता में केवल भावों का उद्गार नहीं होता, उनका विश्लेषण भी होता है बल्कि भावों और अनुभवों का एक्सरे हो जाता है।

(15) फ़िराक़ की कविता में केवल मानसिक दशाओं का चित्रण नहीं मिलता, इन दशाओं की पावनता, बल्कि दिव्यता का एहसास मिलता है।

कविता का काम ही यही है कि भौतिक दिव्यता का एहसास या अनुभव करा दे, क्षणिक को अमर होने का अनुभव करा दे और अस्तित्व की पावनता और दिव्यता का एहसास करा दे। फ़िराक़ इसी अनुभव को हिन्दू संस्कृति की सबसे बड़ी देन समझते हैं। फ़िराक़ की कविताओं में हिन्दू संस्कृति का पुनर्जागरण या पुनरुत्थान (Hindu Renaissance) आर.एस.एस., जनसंघ, आर्य-समाज या हिन्दू महासभा वाला पुनर्जागरण नहीं है। इसमें रामकृष्ण परमहंस, विवेकानन्द, रामतीर्थ, अरविन्द घोष, आनंद कुमार स्वामी, और राजा राममोहन राय के यहाँ जो हिन्दुत्व मिलता है उसी की आत्मा और सुगन्ध है। सबसे ऊँचा, पवित्र और जीवनदायी, सबसे बहुमूल्य अनुभव भौतिक अनुभवों का आध्यात्मिक अनुभव बन जाता है। फ़िराक़ साहब की कविता हमें यही अनुभव कराती है जिसे हम संस्कृति या कल्चर कहते हैं। वह व्यक्तियों और जातियों को एक तबियत या मिज़ाज (Temper) दे देती है। फ़िराक़ की कविता ने इस युग का मिज़ाज बनाया है। हिन्दू तो हिन्दू, यहाँ के मुसलमानों के इस्लामी मिज़ाज की तह या गहराइयों में भारतीय मिज़ाज सन्निहित है। उसी मिज़ाज को फ़िराक़ की शायरी ने उभार दिया है।

(16) यह भारतीय मिज़ाज फ़िराक़ की उन रचनाओं में प्रतिध्वनित हुआ है, जिनमें प्रकृति का वर्णन आया है।

फ़िराक़ ने इस युग को नई चेतना अर्थात् भारत-चेतना का संगीत दिया है। बंकिम बाबू की अमर रचना 'वन्देमातरम्' की व्याख्या और इस कविता की आत्मा का दिग्दर्शन और साक्षात्कार फ़िराक़ की इन कविताओं में है। यह चमत्कार और यह आशीर्वाद उर्दू कविता गें पहले-पहल फ़िराक़ के यहाँ ही स्थान पा सका है।

फ़िराक़ अब छयासी बरस के हो चुके हैं।[1] स्वास्थ्य इतना बिगड़ चुका है कि एक या दो क़दम भी अपने बल-बूते पर चल नहीं सकते, तकियों के सहारे भी बैठ नहीं सकते। चारपाई के क़ैदी होकर रह गये हैं। यह सब होते हुए भी भारत और पाकिस्तान के बहुभाषी साहित्यकार दिल से फ़िराक़ को अपना सबसे बड़ा बुज़ुर्ग मानते हैं और चाहते हैं कि उनके सरों पर फ़िराक़ का साया बना रहे। फ़िराक़ के बिना वे अपने को असहाय और निराधार महसूस करते हैं।*

— रमेशचन्द्र द्विवेदी

---

*3 मार्च, 1982 को इस महान शायर का दिल्ली में स्वर्गवास हो गया।

बस इक दामने-दिल[1] गुलिस्तां-गुलिस्तां
गरीबां – गरीबां,[2] बयाबां – बयाबां[3]

हिजाबों में[4] भी तो नुमायां-नुमायां[5]
फ़रोज़ां – फ़रोज़ां,[6] दरख़ूशां – दरख़ूशां[7]

तेरे ज़ुल्फ़ो-रुख़ का[8] बदल ढूंढता हूं
शबिस्तां – शबिस्तां[9] चराग़ां – चराग़ां[10]

ख़तो-ख़ाल की[11] तेरे परछाइयां हैं
ख़ियाबां – ख़ियाबां,[12] गुलिस्तां – गुलिस्तां

वो था-राज़े-पिन्हां[13] जिसे सबने समझा
हुवैदा – हुवैदा,[14] नुमायां – नुमायां

जुनूने-मुहब्बत,[15] उन आंखों की वहशत[16]
बयाबां – बयाबां, ग़ज़ालां – ग़ज़ालां[17]

वही वहशतें हैं वही हैरतें[18] हैं
गुलिस्तां – गुलिस्तां, बयाबां – बयाबां

हो क़ौसे-कुज़ह[19] शबनम आलूद[20] जैसे
वो रंगीन पैकर[21] पशेमां – पशेमां[22]

---

1. दिल रूपी दामन 2. परदेस-परदेस 3. जंगल-जंगल 4. पदों में 5. प्रकट 6-7. प्रकाशमान
8. केशों और चेहरे का 9. शयनकक्षों में 10 दीपमालाओं में 11. शरीर के आकार तथा
नैन-नक़्श की 12. बाग़ की क्यारियों में 13. गुप्त भेद 14. प्रकट 15. प्रेमोन्माद 16 त्रास
17. हिरनों (मृग नयनों में) 18. आश्चर्य 19. धनक या इन्द्रधनुष 20. ओस भरी 21. शरीर,
मुखाकृति 22. लज्जित

ये क़ामत[1] कि ख़ुर्शीद[2] अंगड़ाइयां ले
उमड़ती जवानी, ख़ुमिस्तां - ख़ुमिस्तां[3]

लपट मुश्के-गेसू की[4] तातार-तातार[5]
दमक लाले-लब की[6] बदख़्शां-बदख़्शां[7]

झलाझल सजल रूप का रसमसाना
तहे - शबनमिस्तां,[8] चराग़ां - चराग़ां[9]

है सीना कि संगीत पिछले पहर का
वो चेहरा कि ऊषा पशेमां-पेशमां

क़मर से ख़जिल[10] रक़्से-शोला की मौजें[11]
नज़र से फ़ज़ाएं,[12] गुलिस्तां-गुलिस्तां

ये ख़ुशबू-ए-गेसू[13] कि बेख़ुद[14] हों आहू[15]
ये आंखों का जादू, परिस्तां-परिस्तां

वही इक नज़र डूबती जा रही है
वही एक नश्तर रगे-जां, रगे-जां[16]

वही एक तबस्सुम[17] चमन दर चमन[18] है
वही पंखुड़ी है, गुलिस्तां-गुलिस्तां

ये साज़े-ख़मोश[19] आज लौ दे रहा है
सुकूते नज़र[20] भी ग़ज़लख़्वां- ग़ज़लख़्वां[21]

सरासर है तस्वीर जम़ईतों की[22]
वो गेसू-ए-पुरख़म[23] परीशां-परीशां[24]

---

1. क़द-काठी 2. सूरज 3. मधुशालाएँ 4. केशों की सुगन्ध की 5. मध्य एशिया में स्थित प्राचीन तुर्किस्तान 6. लाल हीरे रूपी होंठों की 7. अफ़गानिस्तान के एक नगर का नाम 8. ओस रूपी नगर के नीचे 9. दीपावली 10. लज्जित 11. दीपक की लपट के नृत्य की तरंगें 12. वातावरण 13. केशों की सुगन्ध 14. आत्म-विसर्जित 15. मृग 16. जीवन नाड़ी में 17. मुस्कान 18. वाटिकाओं में 19. मौन वाद्य यंत्र 20. मौन दृष्टि 21. गीत गा रहा है 22. भीड़-भाड़ की 23. घुँघराले केश 24. बिखरे हुए

चले आ रहे हैं, चले जा रहे हैं
कहां से किधर को ख़रामां-ख़रामां[1]

कहां उठ रही है, कहां पड़ रही है
निगाहे-मुहब्बत, परीशां-परीशां

हर इक वाक़िआ[2] दर्दे-आमोज़े-उलफ़त[3]
वही दर्से-मातम,[4] दबिस्तां-दबिस्तां[5]

ज़मीं ता फ़लक[6] शामे-ग़म का[7] धुंधलका
मुहब्बत की दुनिया हिरासां-हिरासां[8]

ये ग़म के शरारे मुहब्बत-मुहब्बत
ये जगमग सितारे हसीना-हसीना

वो सुब्हे-अज़ल[9] हो कि रोज़े-क़ियामत[10]
धुंधलका-धुंधलका, शबिस्तां-शबिस्तां

यही जज़्बे-पिन्हां की[11] है दाद[12] काफ़ी
चले आओ मुझ तक गुरेज़ां-गुरेज़ां[13]

कहीं यूं भी बदली हैं ग़म की फ़ज़ायें[14]
वही बादोबारां,[15] बहारां-बहारां[16]

फ़िराक़े-हज़ीं से[17] तो वाकिफ़ थे तुम भी
वो कुछ खोया-खोया, परीशां-परीशां

---

1. मंद गति से 2. घटना 3. प्रणय-पीड़ा समझाने वाला 4. शोक-पाठ 5. हर पाठशाला में 6. धरती से आकाश तक 7. विरह रात्रि का 8. भयभीत 9. आदिकाल की सुबह 10. प्रलय-दिवस 11. गुप्त प्रेम भावना की 12. प्रशंसा 13. झिझकते हुए 14. वातावरण 15. आँधी-वर्षा 16. वसन्त-वसन्त 17. शोकातुर कवि 'फ़िराक' से

ख़ाके – सरे – राह[1] है या कारवां

ये भी न हो हसरते-पसमांदगां[2]

नंगे-मुहब्बत[3] है ये आहो-फ़ुग़ां[4]

यूं कहीं करते हैं, ग़मे-रफ़्तगां[5]

कर न चुका इश्क़ भी शरहो-बयां[6]

रह न गयी बात जहां की तहां

आलमे-असबाब[7] से ऐ इश्क़े-दोस्त[8]

तुझ को मिलीं बे-सरो-सामानियां[9]

चल गयी क्या जानिये कैसी हवा

आज बुझे दिल से भी उठता है धुआं

इश्क़ भी कुछ ऐसा नहीं है ग़मज़दा[10]

हुस्न भी कुछ इतना नहीं है शादमां[11]

तू हो मेरी जां या तेरा हुस्न हो

आज कोई आ ही गया दरमियां

दिल को तो दुखना है अबद[12] तक मगर

अब वो मुहब्बत सी मुहब्बत कहां

कुछ कोई कहते हुए चुप हो गया

और से अब और हुई दास्तां

---

1. रास्ते की धूल 2. पिछड़ी हुई लालसा 3. प्रेम के लिए लज्जा 4. आहें और फ़रियादें
5. अतीत का ग़म 6. व्याख्या 7. संसार 8. मित्र या प्रिया के प्रेम 9. दरिद्रतायें 10. दु:खित
11. प्रसन्न 12. अनंतकाल

आज कुछ आहट सी दिलों को मिली
मुद्दतों वीरान थीं ये बस्तियां

रात सही गर्दिशे-साग़र[1] तो है
ऐन[2] चराग़ां[3] हैं, सियाह कारियां[4]

नर्म कसक मद-भरे सीनों में है
चलने लगीं इश्क़ की पुरवाइयां

सहल जाना नहीं रंगे-नशात[5]
ग़म का भी मुश्किल से बंधा है समां[6]

जब निगहे-नाज़[7] की याद आ गयी
तैर गयीं सीने में कुछ बिजलियां

राह में है उस की जवानी अभी
अब वो ज़मीं और न वो आस्मां

ख़ामोशी-ए-ग़म पे[8] ज़माने के कान
कोई फ़साना न कोई दास्तां

बाद जफ़ा[9] के न हो इतना मलूल[10]
पैकरे-ग़म[11] भी तो हैं कुछ शादमां[12]

दे ही गया एक पयामे-सुकूं[13]
देर से छाया हुआ ग़म का समां

आंसुओं में रंगे-तबस्सुम[14] भी था
वो तेरी आज़ुर्दगी-ए-शादमां[15]

तारों की कुछ सरकी हुई छाओं में
टूटती हैं हुस्न की अंगड़ाइयां

---

1. शराब के प्याले का दौर 2. नितान्त 3. दीपोत्सव 4. काली करतूतें 5. आनन्द-रंग
6. समय, दृश्य 7. प्रिया की नज़र 8. ग़म के कारण लगी चुप्पी पर 9. प्रिया की बेवफ़ाई
या अत्याचार 10. दु:खित 11. साकार ग़म 12. प्रसन्न 13. शान्ति-संदेश 14. मुस्कान का
रंग 15. प्रसन्नता की उदासी

क़ौसे-क़ुज़ह[1] जैसे चढ़ाती हो पेंग
क़ामते-जानां की[2] वो रंगीनियां

रूप का रह रह के झलक मारना
फूलों से जिस तरह उड़ें तितलियां

पूरी इकाई है मुहब्बत 'फ़िराक़'
बहसे-जुज़्वो-कुल[3] नहीं चलती यहां

---

1. धनक, इन्द्रधनुष 2. प्रिया के क़द की 3. अंश या कुल का विवाद

बादे-सितम[1] उफ़ ये पशेमानियां[2]
है वही तेरी रविशे - इम्तिहां[3]

चश्मके - साग़र में[4] ये शोखी कहां
आंखें तेरी पिघली हुई बिजलियां

शबनमी होंठों पे कोहर का समां
दीदनी[5] है भीगी मसों का धुआं

उड़ गयीं आज उस से भी चिंगारियां
मुद्दतों जिस दिल में घुटा था धुआं

अब तो हो कम हसरते - पसमांदगां[6]
दूर गये, दूर गये कारवां

जिस से लहू थूक दे नज़्मे - जहां[7]
सीने में वे नश्तरे - ग़म है रवां[8]

इस को भी इक दिल का भरम जानिये
हुस्न कहां, इश्क़ कहां, हम कहां

बहसे-असीरी-ओ - रिंहाई[9] अबस[10]
अब वो क़फ़स[11] ही है न वो आशियां[12]

और है कुछ मसलहते - लुत्फ़ो - जौर[13]
इश्क़ कहां शुक्रो - शिकायत कहां

---

1. अत्याचार के बाद 2. लज्जित होना 3. परीक्षा का ढंग 4. मदिरा-पात्र के इशारे या तेवर में 5. दर्शनीय 6. पिछड़ी हुई लालसा 7. संसार-प्रबन्ध 8. गतिशील 9. क़ैद और मुक्ति की बहस 10. व्यर्थ 11. पिंजरा 12. नीड़, घोंसला 13. कृपा और अत्याचार सम्बन्धी हित की बात

चारा-ए-ग़म की[1] भी तमन्ना नहीं

पूछ न कुछ इश्क़ की लाचारियां

कुछ नहीं कहतीं वो निगाहें मगर

बात पहुंचती है कहां से कहां

ग़म था इक अन्दाज़े-जुनूं[2] और बस

इश्क़ की फ़ितरत[3] नहीं ख़ुद-रहमियां[4]

अपनी जगह इश्क़ उजड़ता रहा

अपनी जगह बसती रहीं बस्तियां

शोख़ियों का रंग लिये शर्मे-दोस्त

शर्म के आसार[5] लिये शोख़ियां

गर्दिशे-पैहम में[6] उन आंखों को देख

घटती हुई, बढ़ती हुई मस्तियां

समा-नवाज़ी[7] है कि आतिश-ज़नी[8]

बातें हैं या कौंदती हैं बिजलियां

ग़ैब[9] से हर आन[10] तेरे हुस्न की

कोई बढ़ा देता है दिलचस्पियां

कुछ शिकेबा[11] है दिले-बेताब भी

कुछ निगाहें-शोख़ भी है मेहरबां

आ ही गयीं तुझ में सिमट कर तमाम

आलमे-ईजाद की[12] रानाईयां[13]

---

1. ग़म दूर करने के प्रयत्न की 2. उन्माद का ढंग 3. स्वभाव 4. स्वयं पर कृपा करना 5. लक्षण 6. निरन्तर चक्र में 7. कानों पर कृपा करना (मधुर बोल बोलना) 8. अग्निवर्षा 9. परोक्ष 10. क्षण 11. धैर्यवान 12. संसार बनाने वाले की 13. सुन्दरतायें

आ-न-गयी, आ न गयी तेरी याद
छा न गयीं छा न गयीं बदलियां

पार हुआ पार हुआ बह्रे-ग़म[1]
डूब चलीं डूब चलीं किश्तियां

आंखें लड़ीं देर तक और झुक गयीं
ख़त्म हुयीं मा'रका - आराईयां[2]

कह गयीं क्या-क्या दिले-पुर शौक़ से[3]
शर्म में डूबी हुयी अंगड़ाइयां

रात की आंखें भी झपकने लगीं
कौन सुने दर्द भरी दास्तां

जैसे सियह-ख़ाना-ए-ग़म में[4] 'फ़िराक़'
कौंदती हों चार तरफ़ बिजलियां

---

1. ग़म का सागर 2. टकराव 3. प्रेमाभिलाषा से परिपूर्ण हृदय से 4. ग़म के अँधेरे घर में

ता-ब-अदम[1] भी नहीं मिलते निशां
ले उड़ी वो आंख दिलों को कहां

हुस्नो-मुहब्बत का नहीं अब निशां
कोई   नहीं   मेरे-तेरे   दरमियां

दिल की जर्राहत[2] से खिले गुलिस्तां
चोट कहां थी उभर आई कहां

डूब गये लज़्ज़तों में[3] क़ल्बो-जां[4]
यूं निगहे-नाज़[5] है रतबुल-लिसां[6]

जैसे कहीं उड़ गयी आंख उस पर आज
जैसे कहीं उड़ गयीं चिंगारियां

वास्ता है दारो-रसन का[7] तुझे
और न कर, और न कर बदगुमां

ख़्वाबे-गरां,[8] ख़्वाबे-गरां ज़िन्दगी
नींद के झोंके हैं कि बेदारियां[9]

अक्स[10] उसी का है तेरी बज़्मे-नाज़ में[11]
दिल की न पूछ अंजुमन-आराइयां[12]

क्या है तेरा इश्क़ भी, ख़्वाबो-ख़याल[13]
क्या है तेरा ग़म भी, ग़मे-रायगां[14]

---

1. यमलोक या अनस्तित्व तक 2. चीरा, घाव 3. आनन्दों में 4. हृदय और आत्मा
5. प्रिया की दृष्टि 6. मधुर बोल बोल रही है 7. सूली के तख़्ते और फंदे का 8. गहरी नींद
9. जागरण 10. प्रतिबिम्ब 11. नाज़ों भरी महफ़िल में 12. महफ़िलें सजाना 13. विचार
और स्वप्न 14. व्यर्थ का ग़म

ख़ाक उड़ाते हुए नींद आ गई
खत्म हुई बादा - पैमाईयां[1]

नीयतें[2] इस तरह भरीं इश्क़ की
जैसे उतरती हैं चढ़ी नद्दियां

अहले-तलब ने[3] तुझे पाया है कब
अहले-नज़र ने[4] तुझे देखा है कहां

पा न सकी भेद ये मस्त आंख भी
याद रहेंगी तेरी हुशयारियां

लग गयी दामने-क्रियामत में[5] आग?
आतिशे-दोज़ख में[6] ये गर्मी कहां

कीजिये इस गुल में[7] गुलिस्तां की सैर
हाय तेरे रुख़ की[8] तरहदारियां[9]

एक ज़माने से हम-आहंग[10] हैं
अब वो नहीं इश्क़ की बेज़ारियां[11]

उफ़ ये सुबुक रंग-ओ-सुबुक-रौ सुख़न[12]
फूलों से जिस तरह उड़ें तितलियां

हुस्न के कुछ और ही ख़्वाबो-ख़याल
इश्क़ के कुछ और ही वहमो-गुमां

और भी मुझ सा है कोई सरफ़रोश[13]
तुम को मुहब्बत की क़सम है मियां

---

1. जंगल-जंगल फिरना 2. कामनायें, उद्देश्य 3. इच्छुकों ने 4. दृष्टि वालों ने 5. प्रलय रूपी दामन (अंगरखे का वह भाग जो लटका रहता है) में 6. नरक की आग में 7. फूल में 8. मुखड़े की 9. छबीलापन 10. सहमत, एक आवाज़ 11. असन्तोष 12. मृदुल रंग तथा मृदुल गति शायरी 13. सर बेचने वाला अर्थात् शौर्यवान

रात गये कैफ़ियते-हुस्ने-यार[1]
ख़्वाब[2] से मिलती हुई बेदारियां[3]

क्या न मिला क्या न गया गांठ से
पूछ न कुछ इश्क़ के सूदो-ज़ियां[4]

जिन से पुकारा था तुझे इश्क़ ने
गूंजती है आज भी वो वादियां

दाम तो उठे दिले-नाकारा के
बिक तो गया पूछ न अर्ज़ो-गरां[5]

राज़ ही रह जायेंगे असरारे-क़ुर्ब[6]
दूर पहुंच जायेंगी रुसवाइयां

खो न मुहब्बत में मक़ामाते-जह्ल[7]
काम कुछ आ जायेंगी नादानियां

ऐसी मुरव्वत[8] भी गर उस में नहीं
ऐसी मुहब्बत भी उसे थी कहां

रूठ के रखना मेरे कांधे पे सर
आह तेरा वो करमे-सरगरां[9]

गर्म अभी ख़ाकिसतरे-दिल[10] है 'फ़िराक़'
आज भी देता है ये सीना धुआं

---

1. प्रिया के सौन्दर्य की स्थिति 2. नींद 3. जागरण 4. लाभ-हानियाँ 5. सस्ता-महँगा
6. समीपता के रहस्य 7. मूर्खता की स्थितियाँ या सीमायें 8. शील-संकोच 9. भारी कृपा
10. दिल की राख

थर थरी सी है आसमानों में
ज़ोर कुछ तो है नातवानों में[1]

इन्हीं तिनकों में देश ऐ बुलबुल
बिजलियां भी हैं आशियानों में[2]

कितना खामोश है जहां[3] लेकिन
इक सदा[4] आ रही है कानों में

हम उसी ज़िंदगी के दर पे हैं
मौत है जिस के पासबानों में[5]

क़ैदियों को पयामे-क़त्ल[6] मिला
ज़िंदगी सी है क़ैद ख़ानों में

मंज़िलें दूर से चमकती थीं
खो गयीं आ के कारवानों में

कोई सोचे तो फ़र्क़ कितना है
हुस्न और इश्क़ के फ़सानों में

ज़ख़्मे-दिल से चराग़ जलता है
अहले-ग़म के[7] सियाह-ख़ानों में[8]

उस की सफ़्फ़ाकी-ए-निगाह[9] भी है
चमने-दिल के[10] बाग़बानों में

---

1. दुर्बलों में 2. घोंसलों में 3. जहान, संसार 4. आवाज़ 5. संरक्षकों में 6. वधसंदेश
7. जिनके भाग्य में ग़म है, उनके 8. अँधेरे घरों में 9. दृष्टि की निर्दयता 10. दिल रूपी
बाग़ के

एक चरका[1] सा वक़्त का खा कर
बांकपन आ गया जवानों में
आ गया इश्क़े-बदगुमां आख़िर
हुस्न के बे किये बहानों में
कैफ़[2] क्या-क्या दिलों को मिलता है
इश्क़ के बे-कहे फ़रमानों में
किस लिये बज़्मे-यार[3] में हैं कि हम
ग़मज़दों में न शादमानों में[4]
हम से क्यों तू है बदगुमां ऐ दोस्त
हम नहीं तेरे राज़दानों में
तन रही हैं भवें ज़माने की
थर थरी सी है कुछ कमानों में
मौत के भी उड़े हैं अक्सर होश
ज़िंदगी के शराबख़ानों में
लोग क्या-क्या न हार बैठे हैं
ज़िंदगी के क़िमार-खानों में[5]
कम नहीं बारे-ग़म से[6] बारे-नशात[7]
दर्द है हुस्न के भी शानों में[8]
जिन की तामीर[9] इश्क़ करता है
कौन रहता है उन मकानों में
काम ले खूने-आरजू से[10] 'फ़िराक़'
रंग भर ग़म की दास्तानों में

---

1. धोखा 2. आनन्द 3. मित्र या माशूक़ की महफ़िल में 4. हर्षितों में 5. जुआघरों में 6. ग़म के बोझ से 7. हर्ष का बोझ 8. कन्धों में 9. निर्माण 10. आकांक्षा के रक्त से

जो भूल कर भी इधर से कभी गुज़रता है
मैं सोचता हूं कि वो कल को आज करता है

ये इम्तिज़ाजे-गुनाहो-सवाब[1] और कहां
तेरी निगाह पे क्या-क्या गुमां[2] गुज़रता है

वो दिल मिटा है कि अब दिल ही दिल के चर्चे हैं
जो मौत इस तरह आये तो कौन मरता है

गुनाहे-इश्क़ की तस्वीर है वो पैकरे-नाज़[3]
जमाले-यार[4] इसी उन्वान[5] से संवरता है

समाई है तेरे सर में हवा-ए-हूरो-परी[6]
हमारा दिल तो दम इक आदमी का भरता है

किसी को सामने पा कर बदन न क्यों टूटे
नशाते-इश्क़[7] भी ख़म्याज़ा[8] ग़म का भरता है

शिगुफ़्तगी[9] तो है फिर भी शिगुफ़्तगी लेकिन
फ़सुर्दा[10] हो के वो कुछ और भी निखरता है

उदास होती चली है फ़जा[11] ज़माने की
कि ग़म से हुस्न भी अब इत्तिफ़ाक़[12] करता है

कहां से आ गयी दुनिया कहां, मगर देखो
कहां कहां से अभी कारवां गुज़रता है

---

1. पाप-पुण्य का सम्मिश्रण 2. भ्रम 3. नाज़-नखरों का आकार (प्रेयसी) 4. प्रिया का सौन्दर्य 5. शीर्षक 6. हूर-परियों की कामना 7. प्रेमानन्द 8. प्रतिकार 9. प्रफुल्लता 10. अप्रसन्न 11. वातावरण 12. सहमति

खुद-एतिमाद[1] अगर हो कोई तो ऐसा हो
कि हुस्न इश्क़ से गुस्ताख़ है न डरता है

ज़मीनो-चख़[2] बदलते हैं करवटें क्या-क्या
ये कौन वादी-ए-उल्फ़त[3] में पांव धरता है

वफ़ा तो सुनते हैं दुनिया से मिट गयी लेकिन
दिलों में आज तक इक नक़्श[4] सा उभरता है

वो बात इश्क़ में क्या है जमाल[5] में जो नहीं
तेरी बला से कोई अहले-दिल[6] जो मरता है

अज़ल से[7] इस में दो आलम[8] समाए जाते हैं
ये देखना है कि कब दिल का जाम भरता है

शराब की सी है हुशियार आंख में मस्ती
जो नशशा चढ़ न सका, वो कहीं उतरता है

ज़हे[9] ये आलमे-राज़ो-नियाज़,[10] हुस्न तेरा
ख़मोश, यू हैं कोई जैसे बात करता है

है कल की बात कि मशहर बपा था[11] इस दिल में
'फ़िराक़' आज ये घर भायं-भायं करता है।

---

1. आत्मविश्वासी 2. धरती-आकाश 3. प्रेम-क्षेत्र 4. चित्र 5. सौन्दर्य 6. दिल वाला
7. आदिकाल से 8. दोनों लोक 9. धन्य 10. भेद भरी बातों की स्थिति 11. प्रलय मची थी

काविशे-सुब्ह[1] बहुत अब न ग़मे-शाम बहुत
हो गया इश्क़ भी बेगाना-ए-अय्याम[2] बहुत
थी फ़क़त[3] कैफ़ियते-बादा-कशी[4] तेरे साथ
यूं तो उस दौर में[5] गर्दिश में न थे जाम बहुत
इश्क़ के सिदक़ो-सफ़ा[6] रश्के-जहां[7] हैं लेकिन
कोई इल्ज़ाम दिया चाहे तो इल्ज़ाम बहुत
आ ही जाती है मगर फिर भी मिटे दर्द की याद
गरचे है तर्के-मुहब्बत[8] में भी आराम बहुत
दोशो-गर्दन[9] के लिये हो गये छुटते ही वबाल[10]
परे-परवाज़[11] फड़कते थे तहे-दाम[12] बहुत
दिल ही दिल में कोई रह-रह के झिझक उठता है
सुनते हैं इश्क़ ज़माने में है बदनाम बहुत
आंख पड़ते ही लबालब हुए पैमाना-ए-दिल[13]
नीयते-हुस्न नज़र आई है मए-आशाम[14] बहुत
और भी काम हैं दुनिया में ग़मे-उल्फ़त को
उस की याद अच्छी नहीं ऐ दिले-नाकाम बहुत
इश्क़ के दर्द का खुद इश्क़ को एहसास नहीं
खिंच गया बादा[15] से भी दुर्दे-तहे-जाम[16] बहुत

---

1. सुबह (होने) की चिन्ता 2. कालचक्र से विमुख 3. केवल 4. मदिरापान का आनन्द
5. काल में 6. सच्चाइयाँ 7. संसार के लिए प्रतिस्पर्धा 8. प्रणय-त्याग 9. कन्धे और गर्दन
10. मुसीबत 11. उड़ाकू-पंख 12. जाल के नीचे 13. दिल रूपी मदिरा पात्र 14. मद्यप,
रसाशी 15. शराब 16. मदिरापात्र की तलछट

लाखों पैग़ामे-फ़ना[1], लाखों तक़ाज़ाए-बक़ा[2]
ज़िंदगी है तो मुहब्बत के लिए काम बहुत

मुद्दतों से है वही ग़मकदए-इश्क़ का[3] रंग
जा पड़ी दूर मगर गर्दिशे-अय्याम[4] बहुत

ये भी साक़ी बस इक अन्दाज़े-सियह मस्ती था
कर चुके तौबा बहुत तोड़ चुके जाम बहुत

यासो-उम्मीद से[5] वादे को तेरे क्या निस्बत[6]
तूल[7] अब खींच चुकी सुब्ह बहुत शाम बहुत

कौन अंजाम बताये जो यही रंग रहा
मेहरबां हुस्न बहुत, इश्क़ भी नाकाम[8] बहुत

इस तेरे तर्के-जफ़ा, तर्के-तग़ाफ़ुल के[9] निसार[10]
इश्क़ ज़िन्दा है तो दुनिया में हैं आलाम[11] बहुत

साथ क्या रखते दिले-तफ़िरक़ा-परदाज़[12] कि था
निगहे-शौक़[13] को वो जल्वा लबे-बाम[14] बहुत

इश्क़ आग़ाज़[15] ही आग़ाज़ सरासर निकला
आह, वो दिल कि रहा मायले-अंजाम[16] बहुत

लेकिन इक शिकवए-बेनाम को क्या कीजे 'फ़िराक़'
बावफ़ा हुस्न बहुत, इश्क़ भी ख़ुशकाम बहुत

---

1. मृत्यु-संदेश 2. जीवन की अभिलाषायें 3. प्रणय-दुःख रूपी घर का 4. काल चक्र
5. आशा-निराशा से 6. सम्बन्ध 7. दीर्घता 8. असफल 9. अत्याचार-त्याग तथा विमुखता-त्याग
10. न्योछावर 11. दुःख 12. फूट डालने वाला दिल 13. अभिलाषी दृष्टि 14. (प्रिया के)
छत पर का दर्शन 15. प्रारम्भ 16. परिणाम की ओर प्रवृत्त

सुना है बादे-ख़िज़ां के[1] हाथों चमन का दूना निखार होगा
असर से उस शोलए-तपां के[2] कुछ और हुस्ने-बहार होगा

ये कह के डाली बिना-ए-दिल[3], दस्ते-ग़ैब ने[4] गुलशने-जहां में
चमन के हर ख़ारो-ख़स[5] के नीचे दबा हुआ इक शरार होगा

अगरचे हर अहले-कारवां के[6] बसीरत-अफ़रोज़[7] नक़्शे-पा[8] हैं
ये मंज़िलें जिस से जाग उठी हैं, दिले-ग़रीबुद्दयार[9] होगा

ये रंगे-बज़्मे-नशाते-हस्ती[10] करिशमा[11] है हुस्ने-शादमां[12] का
खुलेंगे राज़े-हयात[13] जिस से वो इश्क़े-ग़म दोस्त दार होगा

शजर-हजर[14] का जुमूदे-हस्ती[15] पयामे-इब्रत[16] है ग़ाफ़िलों को
जिसे तलाशे-सुकूं[17] नहीं है, भला वो क्या बेक़रार होगा

लगावटें भी लिये हुए है, तेरा ये बेलाग मुस्कुराना
कभी यही इक शरारे-रक़्शां[18] रगों में चढ़ता बुख़ार होगा

तू जलवागर है मगर ये सुन ले कि आंख ओझल पहाड़ ओझल
अगर यही शोख़ियां हैं तेरी तो फिर किसे एतिबार होगा

दराज़ी-ए-शामे-ग़म[19] के हाथों तड़पते दिल भी ठहर चले हैं–
बिछड़ के तुझ से कोई कहां तक सितमकशे-इन्तिज़ार होगा[20]

---

1. पतझड़ की हवा के 2. आग की लपट के 3. दिल की नींव 4. अदृश्य हाथों ने
5. घास-फूँस 6. कारवाँ वाले के 7. बुद्धि तीव्र करने वाले 8. पद-चिह्न 9. परदेसी का
दिल 10. संसार रूपी आनन्द सभा का रंग 11. चमत्कार 12. प्रफुल्लित सौन्दर्य 13. जीवन
रहस्य 14. पेड़-पत्थर 15. अस्तित्व का गतिरोध 16. शिक्षा-संदेश 17. शान्ति की खोज
18. नृत्यशील चिंगारी 19. विरह-रात की दीर्घता 20. प्रतीक्षा का अत्याचार झेलेगा

ये धुंधली परछाइयां हैं जिस की दबी दबी गरमियां हैं जिसकी
वो शब[1] क़ियामत[2] की रात होगी, वे रोज़े शुमार[3] होगा

न ख़ूने-मंसूर[4] है शफ़क़[5] पर, न क़त्ले-सरमद की दास्तां है
अब इस से औरों की सुब्ह होगी जो नारा-ए-गीरोदार[6] होगा

मनाज़िले-इर्तिक़ा के[7] धोके ज़माना पहले भी खा चुका है
किसी को जिस की ख़बर नहीं है वो इंक़िलाब एक बार होगा

निसार[8] पैमाने-दोस्ती के[9] मगर है गर्दिश में आस्मां भी
जो यादे-माज़ी पे[10] मुनहसिर[11] हो वो अहद[12] क्या उस्तुवार[13] होगा

कभी तो पसमांदगाने-मंज़िल को[14] आयेगी यादे-रफ़्तगां[15] भी
कि दूरो-नज़दीक रहगुज़र में कहीं तो उठता ग़ुबार होगा

न पूछ किस काविशे-निहां से[16] सुकून[17] सा आ चला दिलों में
उम्मीद थी पर्दादार जिस की वो राज़ अब आश्कार[18] होगा

न पूछ किस रंग से दिलों पर निगाह साक़ी की पड़ रही है
हिजाबे-शामे-अबद[19] उठेंगे, वो नशा-ए-बेख़ुमार होगा

ख़याल को बे असर न समझो, अमल की चिंगारियां हैं इस में
कि आज ज़ुल्मत-सराये[20] दिल में जो नूर[21] है कल वो नार[22] होगा

ये बेक़रारों का ज़ब्ते़ग़म भी हवा का रुकना है क़बले-तूफां[23]
सुकूत[24] जिस को समझ रहे हैं वो नाला-ए-शोला-बार[25] होगा

---

1. रात 2. प्रलय 3. जिस दिन प्राणियों के कर्मों का लेखा-जोखा प्रस्तुत होगा 4. मंसूर: एक वली (संत) जिसने ख़ुदाई का दावा किया था और उसकी गर्दन काट दी गयी थी 5. आकाश की सांध्य लालिमा 6. फाँसी को चूमने वाला नारा 7. विकास की मंज़िलों के 8. न्योछावर 9. मित्रता के वचन के 10. अतीत की यादों पर 11. आधारित 12. वचन 13. दृढ़ 14. मंज़िल को पीछे छोड़ आने वालों को 15. पिछली याद 16. भीतरी प्रयत्न से 17. शान्ति 18. प्रकट 19. अनंतकाल की संध्या के आवरण 20. जहाँ अँधेरा हो 21. प्रकाश 22. अग्नि 23. तूफ़ान से पूर्व 24. मौन 25. चिंगारियां बरसाने वाला आर्त्तनाद

चलेगी शमशीरे-नाज़े-क़ातिल इसी ज़मानो-मकां में[1] लेकिन
गुज़र चुका जो फ़ना-बक्रा[2] से वो कुश्तए-हुस्ने-यार[3] होगा

अगर यूंही जिस्मे-उनसुरी को[4] जराहते-इश्क़[5] ने संवारा
ये पैरहन[6] दोशे-ज़िन्दगी पर[7] वबाल[8] होगा न बार[9] होगा

कहीं मिटाने से मिट सकी हैं निशानियां कुश्तगाने-ग़म की[10]
तिलिस्म[11] -अन्दर-तिलिस्म होगा मज़ार अन्दर मज़ार होगा

न जाने किस के गुदाज़ दिल की बहारे-गुल्ज़ार मुन्तज़िर थी
किसे ख़बर थी कि अश्के-शबनम[12] गुलों का आईनादार[13] होगा

जो मौत से शर्त बद के सोये थे जाग उठे इक इशारा पा कर
इन्हें भी हुशयार करने वाला फ़िराक़े-ग़फ़्लत-शिआर[14] होगा

---

1. संसार में 2. जीवन-मृत्यु 3. प्रिया के सौन्दर्य का हत 4. पंचभूत शरीर को 5. इश्क़
द्वारा चीर-फाड़ 6. वस्त्र 7. जीवन रूपी कन्धे पर 8. मुसीबत 9. बोझ 10. ग़मों द्वारा हतों
की 11. जादू 12. ओस का आँसू 13. प्रतिरूप 14. भूलने की आदत वाला 'फ़िराक़'

ये मीठी नींद ये कैफ़-आफ़रीं[1] सुकूने-बदन[2]
शमीमे-नर्म की[3] ये लोरियां, ये ख़्वाबे-चमन[4]

मिसाले क़ौसे-क़ुज़ह[5] लहलहा रहा है बदन
ये रंगो-बू का तमव्वुज[6] कि वज्द[7] में है चमन

दमे - विसाल[8], जहे[9] नाजुकी -ए- हुस्ने-बदन
कुछ और बढ़ता चला रूप का कुंवारापन

बहार है मुतबस्सिम[10] कि लाला-ज़ारे-बदन
फ़ज़ा में रक़्स-क़ुना[11] मौजे-बू-ए-पैराहन[12]

क़ुबाऐ-सुर्ख़[13] में देता है रूप क्या जोबन
शफ़क़[14] की ओट में जैसे चिराग़ हो रौशन

वो पिछली शब[15] निगहे-नरगिसे-ख़ुमार-आलूद[16]
कि जैसे नींद में डूबी हो चन्द्र किरन

मेरा ही दिल है कि उस को उतार लेता है
किसी की नर्म-निगाही है आफ़ताब शिकन[17]

बहार लुटती थी मुट्ठी में कुल गुलिस्तां था
मैं गुंचे-गुंचे में[18] करता रहा हूं सैरे-चमन

---

1. मस्त कर देने वाला 2. शान्त शरीर 3. मंद पवन की 4. चमन या बाग़ की नींद
5. इन्द्रधनुष की तरह 6. लहरें मारना 7. मस्ती 8. मिलन के समय 9. वाह, धन्य
10. मुस्कुरा रही है 11. नृत्यशील 12. लिबास की सुगन्ध की लहर 13. लाल लिबास
14. ऊषा, आकाश पर शाम की लाली 15. रात 16. नरगिस के फूल जैसी नशे में डूबी
आँखें 17. सूरज को तोड़ने वाली 18. कली-कली में

अरे कहां की अदायें ये आ गई तुझ में
सुकूंनुमा[1] निगहे - आश्ना[2] ज़माना फ़रगन[3]

तुझे हयात[4] की बेसबरियों का इल्म भी है
ये बात अलग कि हर इक अपने हाल में है मगन

रुकी-रुकी सी ये आज़ुर्दगी[5] क़ियामत की
ये क्या अदायें हैं तेरी न खुल के रूठ न मन

सबब कुछ और हैं प्यारे मेरी उदासी के
न मैं जफ़ाओं का शाकी[6] न तू वफ़ा दुश्मन

हमारे हाल की गोया तुझे ख़बर ही नहीं
निगाहे-नाज़ अब इतना भी अहले-ग़म से[7] न बन

ये कारवाने-ज़माना चले ही जाता है
न ख़ौफ़े-शामे-ग़रीबां[8], न फ़िक्रे-सुब्हे-वतन[9]

तेरे जमाल पे[10] क्या सादगी बरसती है
अजीब फ़ितनए-मासूम[11] है ये भोलापन

अजब समां है अजब रंगो-बू का आलम[12] है
बिसाते-नाज़[13] सरासर बहार का दामन

सदा-ए-सूर[14] का है पर्दादार रंगे-सुकूत[15]
है बर्क़े-ख़िरमने-हस्ती[16], निगाहे-सायकाक़न[17]

ये सर से ता ब क़दम[18] महवियत का आलम[19] है
किसी ख़याल में डूबा हुआ हो जैसे बदन

---

1. शान्ति जैसी 2. परिचित दृष्टि 3. संसार को ढेर कर देने वाली 4. जीवन 5. उदासीनता
6. अत्याचारों की शिकायत करने वाला 7. दु:खित प्रेमियों से 8. परदेस की रात का भय
9. स्वदेश की सुबह की चिन्ता 10. सौन्दर्य पर. 11. मासूम उपद्रव 12. स्थिति 13. प्रिया
का बिछौना 14. प्रलय के दिन फूँके जाने वाले शंख का स्वर 15. चुप्पी का रंग या स्थिति
16. जीवन रूपी खलियान के लिए बिजली 17. वह दृष्टि जो बिजलियाँ गिराए 18. सर
से पाँव तक 19. तन्मयता की स्थिति

ये तेरा शो'लए-आवाज़ है[1] कि दीपक राग
क़रीबो-दूर चराग़ आज हो गये रौशन

हर एक शब[2] है ये दोशीज़गी-ए-लज़्ज़ते-दीद[3]
कुंवारे नाते कहीं जिस तरह से आये दुल्हन

तेरी क़सम है जवाबे - निगाहे - दोशीज़ा
मेरे तख़्य्युले - मासूम[4] का अछूतापन

जिधर निगाह करें सैरे-शबनमिस्ताँ[5] है
'फ़िराक़' हुस्ने-जहां पर है आंसुओं का क़फ़न

---

1. आवाज़ रूपी शोला 2. रात 3. दर्शनानन्द का कुँवारापन 4. अबोध कल्पना 5. ओस
गृहों की सैर

छलक के कम न हो ऐसी कोई शराब नहीं
निगाहे - नर्गिसे - रा'ना[1] तेरा जवाब नहीं
ख़राब हाल भी अच्छी तरह ख़राब नहीं
ये है अज़ाबे-जहन्नुम[2] कि वो अज़ाब नहीं

ज़मीन जाग रही है कि इंक़िलाब है कल
वो रात है कोई ज़र्रा[3] भी महवे-ख़्वाब[4] नहीं
हयात[5] दर्द हुई जा रही है क्या होगा
अब उस नज़र की दुआयें भी मुस्तजाब[6] नहीं

ये सैलो-बर्क़[7] के तेवर हैं कारवानों में
कि रोक थाम अजल[8] की भी सद्दे-बाब[9] नहीं
न हो जो मयकदा-बरदोश[10] क्या वो मस्ती-ओ-कैफ़[11]
जो इक जहां पे न छा जाये वो सहाब[12] नहीं

ज़मीन उस की, फ़लक[13] उस का कायनात[14] उस की
कुछ ऐसा इश्क़ तेरा ख़ानमां-ख़राब[15] नहीं
मेरा अक़ीदा[16] है, दुनिया ब-नामे-ख़ुल्दे-बरीं[17]
हज़ार शुक्र मुझे काविशे-सवाब[18] नहीं

रुका है क़ाफ़िलए-ग़म[19] कब एक मंज़िल पर
कब इंक़िलाब ज़माने का हम-रकाब[20] नहीं

---

1. सुन्दर नयनों की दृष्टि 2. नरक की यातना 3. कण 4. निद्रा मग्न 5. ज़िन्दगी
6. स्वीकृत 7. बिजली की बाढ़ या तूफ़ान 8. मृत्यु 9. बाधा निवारण 10. कन्धे पर
मधुशाला लिये 11. आनन्द और मस्ती 12. बादल 13. आकाश 14. ब्रह्माण्ड 15. बेघर-बार
16. मान्यता 17. स्वर्ग का नाम 18. पुण्य (करने) की चिंता 19. ग़म रूपी कारवान
20. सवारी के साथ

कुचल के सर जो उठायें हरीफ़[1] फ़िक्र न कर
कब उड़ती खाक सवारों के हम-रकाब नहीं

जो तेरे दर्द से महरूम[2] हैं यहां उन को
ग़मे-जहां[3] भी सुना है कि दस्तयाब[4] नहीं

अभी कुछ और हो इन्सान का लहू पानी
अभी हृयात के चेहरे पर आबो-ताब[5] नहीं

जहां के बाब में[6] तर दामनों का क़ौल[7] ये है
ये मौज मारता[8] दरिया कोई सराब[9] नहीं

ठहर-ठहर के तेरा देखना नई दुनिया
अरे वो कौन नज़र है जो इंतिख़ाब[10] नहीं

नसीब से है शबिस्ताने-ग़म का[11] चश्मो-चराग़[12]
वो रु-ए-दोस्त[13] जिसे देखने की ताब नहीं

दिले-ख़राब की बेताबियों का क्या हो इलाज
मैं जानता हूं तेरा जौर[14] बे-हिसाब नहीं

जिगर को तोड़ गया है कड़ी कमां का तीर
वो चोट क्या करे भरपूर जो शबाब[15] नहीं

ग़मो-नशात[16] तेरे किस तरह कोई जाने
हँसी लबों पे[17] नहीं आंख भी पुर-आब[18] नहीं

दिखा तो देती है बेहतर हृयात[19] के सपने
खराब हो के भी ये ज़िन्दगी ख़राब नहीं

---

1. शत्रु 2. वंचित 3. सांसारिक दुःख 4. उपलब्ध, प्राप्त 5. चमक-दमक 6. विषय में
7. कथन 8. लहरें लेता 9. मरीचिका, धोखा 10. चुनी हुई 11. गम रूपी शयनागार
12. नेत्र-ज्योति 13. मित्र या प्रिया का मुखड़ा 14. अत्याचार 15. यौवन 16. दुःख-सुख
17. होंठों पर 18. अश्रुपूर्ण 19. जीवन

कहीं वहीं तो गरेबां[1] नहीं है आज अपना
तेरा वो गोशा-ए-दामन[2] जो दस्तयाब[3] नहीं

शिक्स्ते – रंगे – रुख़े – रोज़गार[4] देख 'फ़िराक़'
वो मेहरो-माह[5] के चेहरे पे आबो-ताब नहीं

---

1. कुरते का गला 2. दामन का किनारा 3. उपलब्ध, प्राप्त 4. संसार रूपी चेहरे का रंग
उड़ना 5. चाँद-सूरज

कोई रगे दिल-अफ़सुर्दा[1] आज फिर उकसाओ
फिर आज ग़म के शबिस्तां[2] में इक चराग़ जलाओ
ये इम्तिज़ाज[3] तो देखो सुकूनो-लर्ज़िश का[4]
नज़रे फ़रेब है क्या जिस्म के ख़तों का[5] खिंचाव
अरे ख़ुद अपना फ़रेबे-निगाह क्या कम है
ये क्या ज़रूर कि उस की नज़र के धोके खाओ
निज़ामे-दहरे में[6] पहला सा अब कहां कस बल
कि हुस्नो-इश्क़ में अब कोई लाग है न लगाव
न इश्क़ ही को ख़बर हो न हुस्न ही जाने
किसी से आलमे-मस्ती में[7] इस तरह खुल जाओ
जहान में है बड़ी चीज़ खुदफ़रेबी-ए-इश्क़[8]
किसी का अहदे-वफ़ा[9] झूठ ही हो मान भी जाओ
अब उन से रोज़ की ग़मख़्वारियां नहीं उठतीं
अरे तुम उस से तो अहले-वफ़ा को[10] भूल ही जाओ
उदास उसने हम अहले-रज़ा को[11] देख लिया
निगाहे-नाज़ से अब जल्द कोई बात बनाओ
ह्यातो-मर्ग का[12] अब इम्तियाज़[13] उठता है
बला से कुछ हो, मुहब्बत को नाम तो न धराओ

---

1. उदास हृदय की नस 2. शयनगृह 3. सम्मिश्रण 4. शान्ति तथा कम्पन का 5. रेखाओं का
6. संसार-व्यवस्था में 7. मस्ती की स्थिति में 8. प्रेम होने की आत्म प्रवंचना 9. प्रेम-प्रतिज्ञा
10. वफ़ादारों की 11. आज्ञाकारियों को 12. जीवन और मृत्यु का 13. अंतर

अगर मसायबे-दुनिया को[1] दूर करना है
कुछ अपनी-अपनी मुसीबत से बेख़बर हो जाओ
फ़लक पे[2] गोश-बर-आवाज़[3] हैं सितारे भी
है रात कितनी सुहानी कोई फ़साना सुनाओ
फिर उस की उठती जवानी की खींच दो तस्वीर
शराबे-नाब की[4] फिर वो गुलाबियां छलकाओ
अभी तो बुलबुलें आसूदए-नशेमन[5] हैं
गुलो[6] कुछ और अभी रंगो-बू-के जाल बिछाओ
मिलेगी जिन्से-गरां[7] हुस्न की न दौलत से
जो मोल लें तो हो मालूम आटे-दाल का भाव
कहो दयारे-मुहब्बत के[8] रोने वालों से
हज़ार फ़ितने उठाओ उस आंख को न जगाओ
ये तेरा जिस्म है या रागनी है आके खड़ी
कि आज तक तो न देखा था ये बदन का रचाव
न पूछ उलझी हुई गुत्थियां मुहब्बत की
न पूछ हुस्न की बातों में कितना है सुलझाव
कहां फिर उस की-नज़र की ये क़ैफ-सामानी[9]
छिड़ा है नग़मए-साज़े-हयात[10] झूम भी जाओ
बिसाते-नाज़ पे[11] तू है कि कोई देवी है
भवों की नर्म लचक अंखड़ियों का नर्म झुकाव
जो देखना हो ख़िरामे-सुकूं-नुमां[12] उस का
तो देख ले मेरी लय की रवानी और ठहराव

---

1. सांसारिक दुःखों को 2. आकाश पर 3. आवाज़ पर कान लगाए हुए 4. निर्मल मदिरा की 5. घोंसलों में सन्तुष्ट 6. फूलों 7. महँगी सामग्री 8. प्रेम-नगर के 8. आनन्द-सामग्री 10. जीवन-रूपी साज़ का गीत 11. नाज़ या बेपरवाई रूपी बिस्तर पर 12. मंदगति

लहू की बूंद है दिल, शाने-मद्दो-जज़र[1] तो देख
किसी नदी का हो जैसे उतार और चढ़ाव

नसीम[2] गेसू-ए-मुश्कीं से[3] ता ब कै[4] उलझे
उसे तुम अब सू-ए-गुम-गश्तगाने-ग़म[5] सनकाओ

करो न गिरया-ए-मासूमे-इश्क़ को[6] रुसवा
चमकते झूठ से पानी में तो न आग लगाओ

अगरचे सादा था कितना गुनाह आदाम का
वो रंग लाता है क्या-क्या अभी तो देखते जाओ

बजा ये तर्के-मुहब्बत[7], बजा ये अज़्मे-मुहाल[8]
किसी को ख़ैर न अब चाहना, क़सम तो न खाओ

मुझे पयामे-अमल[9] दे के तुम जो भूल गये
तो हो सके सर्फ़े-अमल[10] भी मैं क्या करूँगा बताओ

निहां[11] थी नज़्मे-जहां में[12] ये जंगे-आलमगीर[13]
किसे पड़ी है करे ऐसे में जो बीच-बचाव

बजा है ऐसी ही नाज़ुक घड़ी में उठना था
जो बेक़रार हूं इतना, संभल भी जाऊंगा, जाओ

तड़प को हमने बनाया सुकूने-बे-पायां[14]
हमारी दुख भरी लय में है किस क़दर ठहराव

'फ़िराक़' उस की मुहब्बत से बाज़ क्यों आयें
अब उस में एक जहां से बिगाड़ हो कि बनाओ

---

1. ज्वार भाटे की शान 2. सुगन्धित हवा 3. प्रिया के सुगन्धित केशों से 4. कब तक
5. ग़म में डूबे हुओं की ओर 6. सरल स्वभाव प्रेमी के रोने को 7. प्रणयत्याग 8. असंभव
संकल्प 9. कर्म-संदेश 10. कर्म-रत 11. निहित 12. संसार-प्रबन्ध में 13. विश्व युद्ध
14. अथाह शान्ति

मौत इक गीत रात गाती थी
ज़िन्दगी झूम झूम जाती थी

कभी दीवाने रो भी पड़ते थे
कभी तेरी भी याद आती थी

किसके मातम में चांद तारों से
रात बज़्मे-अज़ा[1] सजाती थी

रोते जाते थे तेरे हिज्र नसीब[2]
रात फ़ुर्क़त[3] की ढलती जाती थी

खोई-खोई सी रहती थी वो आंख
दिल का हर भेद पा भी जाती थी

ज़िक्र था रंगो-बू का और दिल में
तेरी तस्वीर उतरती जाती थी

हुस्न में थी इन आंसुओं की चमक
ज़िन्दगी जिन में मुस्कुराती थी

दर्दे-हस्ती[4] चमक उठा जिसमें
वो हम अहले-वफ़ा की[5] छाती थी

था सुकूते - फ़ज़ा[6], तरन्नुम-रेज़[7]
बू-ए-गेसु - ए - यार[8] गाती थी

---

1. शोक-सभा 2. जिनके भाग्य में विरह लिखा है 3. विरह 4. जीवन की पीड़ा 5. वफ़ादारों की 6. वातावरण का मौन 7. गीत गा रहा 8. प्रिया के केशों की सुगन्ध

ग़मे-जानां[1] हो या ग़मे-दौरां[2]
लौ सी कुछ दिल में झिलमिलाती थी

ज़िन्दगी को वफ़ा की राहों में
मौत ख़ुद रौशनी दिखाती थी

बात क्या थी कि देखते ही तुझे
उल्फ़ते-ज़ीस्त[3] भूल जाती थी

थे न अफ़लाक[4] गोश बर आवाज़[5]
बेख़ुदी[6] दास्तां सुनाती थी

करवटें ले उफ़ुक़ पे[7] जैसे सुबह
कोई दोशीज़ा[8] रसमसाती थी

ज़िन्दगी, ज़िन्दगी को वक़्ते-सफ़र
कारवां कारवां छुपाती थी

ग़म की वो दास्ताने-नीम-शबी[9]
आस्मानों को नींद आती थी

मौत भी गोश बर सदा[10] थी 'फ़िराक़'
ज़िन्दगी कोई गीत गाती थी

---

1. प्रिया (से बिछुड़ने) का ग़म 2. सांसारिक दुःख 3. जीवन-मोह 4. आकाश 5. आवाज़ पर कान लगाए हुए 6. आत्म विसर्जन 7. क्षितिज पर 8. कुँवारी 9. आधी रात की कहानी 10. आवाज़ पर कान लगाए हुए

जब लग गई मेहनतें ठिकाने
तक़दीर लगी है मुस्कुराने

कुछ भी न था इश्क़ की गिरह में
और फिर भी लुटा दिये ख़ज़ाने

खुल जायें ज़मां-मकां[1] की आंखें
छेड़ ऐ दिल आज वो तराने

है बादे-नसीम[2] गो सुबक रौ[3]
गुलशन में लगी है लड़खड़ाने

आधा गुलज़ार है क़फ़स में[4]
वीरान पड़े हैं आशियाने[5]

आई तेरी याद दिल हुए ख़ून
गुलज़ार खिला दिये सबा[6] ने

इक नग़मए-साज़े-सरमदी[7] है
हां सुन कभी ग़म के शादियाने

गुलशन में धुआँ सा उठा रहा है
बरसात के आ गये ज़माने

याद आई तेरी तो ख़ामुशी भी
इक धुन में लगी है गुनगुनाने

---

1. समय और संसार 2. शीत समीर 3. मंद गति 4. पिंजरे में 5. घोंसले 6. प्रभात समीर
7. अनश्वर साज़ का गीत

वहशत[1] हो जहान भर से जिस को
वो ख़ाक कहां कहां की छाने
ये दर्द भरी पुकार कैसी
ये किस को लगा है दिल जाने
जैसे कोई आ रहा हो इस सम्त[2]
मुमकिन है वही हो, कौन जाने
कौनैन[3] को नींद आ चली है
उफ़ तेरी निगाह के फ़साने
सब इश्क़ की कार साज़ियां थीं
जो कुछ भी हुआ इसी बहाने
था ज़िक्रे-करम[4] 'फ़िराक़' उसका
क्यों आंख लगी है डबडबाने

---

1. भय 2. दिशा 3. सम्पूर्ण जगत 4. कृपा का उल्लेख

अपने ग़म का मुझे कहां ग़म है
ऐ कि तेरी ख़ुशी मुक़द्दम[1] है

आग में जो पड़ा वो आग हुआ
हुस्न सोज़े-निहां[2] मुजस्सम[3] है

इस की शैतान को कहां तौफ़ीक़[4]
इश्क़ करना गुनाहे-आदम है

दिल की धड़कन में ज़ोरे-ज़र्बे-कलीम[5]
किस क़दर उस हबाब में[6] दम है

है वही इश्क़ ज़िन्दा-ए-जावेद[7]
जिसे आबे-हयात[8] भी सम[9] है

इस में ठहराव या सुकून[10] कहां
ज़िन्दगी इन्क़िलाबे-पैहम[11] है

इक तड़प मौजे-तहनशीं[12] की तरह
ज़िन्दगी की बिना-ए-मोहकम[13] है

रहती दुनिया में इश्क़ की दुनिया
नये उन्वान[14] से मुनज्ज़म[15] है

उठने वाली है बज़्म, माज़ी[16] की
रौशनी कम है, ज़िन्दगी कम है

---

1. प्रमुख 2. निहित तपन 3. साकार 4. सामर्थ्य 5. ख़ुदा से बातें करने वाले हजरत मूसा की ओर संकेत है 6. पानी के बुलबुले में 7. अनश्वर 8. अमृत 9. विष 10. शान्ति 11. निरन्तर परिवर्तन 12. तह में बहने वाली लहर 13. दृढ़ नींव 14. शीर्षक 15. व्यवस्थित 16. अतीत-सभा

ये भी नज़्मे-हयात[1] है कोई
ज़िन्दगी ज़िन्दगी का मातम है

इक मुअम्मा[2] है ज़िन्दगी ऐ दोस्त
ये भी तेरी अदा-ए-मुब्हम[3] सही

ऐ मुहब्बत तू इक अज़ाब[4] सही
ज़िन्दगी बे तेरे जहन्नम है

इक तलातुम[5] सा रंगो-नकहत[6] का
पैकरे-नाज़ में[7] दमा-दम है

फिरने को है रसीली नीम निगाह[8]
आहू-ए-नाज़[9] मायले-रम[10] है

रूप की जोत ज़ेरे-पैराहन[11]
गुलसितां पर रिदा-ए-शबनम[12] है

मेरे सीने से लग के सो जाओ
पलकें भारी हैं रात भी कम है

आह ये मेहरबानियां तेरी
शादमानी की[13] आंख पुरनम[14] है

जैसे उछले जुनूं[15] की पहली शाम
इस अदा से वो ज़ुल्फ़[16] बरहम[17] है

नर्मो-दोशीज़ा[18] किस क़दर है निगाह
हर नज़र दास्ताने-मरियम[19] है

यूं भी दिल में नहीं वो पहली उमंग
और तेरी निगाह भी कम है

---

1. जीवन-व्यवस्था 2. पहेली 3. अस्पष्ट अदा 4. यातना 5. बाढ़ 6. रंग तथा सुगन्ध 7. प्रिया के शरीर में 8. कनखियों से देखना 9. प्रिया रूपी हिरणी 10. भागने को प्रवृत्त 11. वस्त्रों के नीचे 12. ओस की चादर 13. हर्ष की 14. सजल 15. उन्माद 16. केश 17. बिखरी हुई 18. कोमल और कुँवारी 19. मरियम की कहानी

और क्यों छेड़ती है गर्दिशे-चर्ख़[1]
वो नज़र फिर गई ये क्या कम है

रूकशे-सद[2] हरीमे-दिल[3] है फ़ज़ा[4]
वो जहां हैं अजीब आलम है

मेहरो-मह[5] शोला-हा-ए-सोज़े-जमाल है[6]
जिसकी झंकार इतनी मद्धम है

दिये जाती है लौ सदा-ए-'फ़िराक़'[7]
हां वही सोज़ो-साज़े-कम-कम है

---

1. कालचक्र 2. अत्यन्त लज्जित 3. छेदिल की चारदीवारी 4. वातावरण 5. चाँद-सूरज
6. सौन्दर्य की आग की लपटें 7. फ़िराक़ की आवाज़

अहदो – पैमाने – निहानी[1] फिर सुना
वो नवेदे – शादमानी[2] फिर सुना

राज़े – मर्गे – नागहानी[3] फिर सुना
वो पयामे-ज़िन्दगानी[4] फिर सुना

फिर बहुत बेकैफ़[5] हैं मौतो-हयात
हां उन आंखों की कहानी फिर सुना

हुस्न की वो बे कही एक दास्तां
आज उसे ऐ यारे जानी फिर सुना

गोश बर आवाज़[6] है उम्रे-रवां[7]
ज़िक्रे-अय्यामे-जवानी[8] फिर सुना

साज़े-हस्ती[9] देर से अफ़सुर्दा[10] है
साज़े-ग़म-हाए-निहानी[11] फिर सुना

जो ख़ते-तक़दीर[12] से भी है निहां[13]
हां! वो पैग़ामे-ज़बानी फिर सुना

फिर सुकूने-नेस्ती[14] है बेक़रार
दर्दे-हस्ती की कहानी फिर सुना

---

1. गुप्त वायदे 2. प्रसन्नता का शुभ समाचार 3. अकस्मात मृत्यु का रहस्य
4. जीवन-संदेश 5. फीके 6. आवाज़ पर कान लगाए हुए 7. व्यतीत होती आयु
8. यौवन-काल की चर्चा 9. जीवन रूपी साज़ 10. उदास 11. भीतरी दुःखों की तपन
12. भाग्य-लेख 13. निहित 14. अनस्तित्व की स्थिरता या शान्ति

ज़िन्दगी है इक सदा-ए-बाज़गश्त[1]
हाले - अहदे - पास्तानी[2] फिर सुना

आंख उठाने की वो रंगीं दास्तां
मैं निसारे-खुश बयानी[3] फिर सुना

जो नहीं भूली न जिसकी याद है
ज़िन्दगी की वो कहानी फिर सुना

नर्गिसे - गोया से[4] अहले - दीद का[5]
हाले - मर्गे - नागहानी[6] फिर सुना

फिर निगाहों से पयामे-मर्ग[7] दे
राज़े - उम्रे - जावेदानी[8] फिर सुना

मौत से सरगोशियां हैं रात की
दास्ताने-ज़िन्दगानी फिर सुना

इश्क़ से उस नर्गिसे-मासूम का[9]
माजरा - ए - बदगुमानी[10] फिर सुना

इन निगाहों से थी जिनकी इब्तिदा[11]
फिर सुना, हां! वो कहानी फिर सुना

मुस्कुरा कर आज रूठे हुस्न की
दास्ताने - सरगरानी[12] फिर सुना

आप बीती थी कि जग बीती 'फ़िराक़'
जिस को यूं तेरी ज़बानी फिर सुना

---

1. प्रतिध्वनि 2. बीते दिनों का हाल 3. सुन्दर वार्ता पर न्योछावर 4. बोलती आँखों से
5. देखने वालों का 6. अकस्मात मृत्यु का हाल 7. मृत्यु-संदेश 8. अनश्वर आयु का भेद
9. अबोध आँखों का 10. मिथ्या-संदेह का वृत्तान्त 11. शुरुआत 12. रुष्टता की कहानी

जिसे लोग कहते हैं तीरगी[1], वही शब[2] हिजाबे-सहर[3] भी है
जिन्हें बेख़ुदी-ए-फ़ना[4] मिली, उन्हें ज़िन्दगी की ख़बर भी है
तेरे अहले-दीद को[5] देख के कभी खुल सका है ये राज़ भी
उन्हें जिसने अहले-नज़र[6] किया वो तेरा ख़राबे-नज़र[7] भी है
ये विसालो-हिज्र की बहस क्या कि अजीब चीज़ है इश्क़ भी
तुझे पा के है वही दर्दे-दिल, वही रंगे-ज़ख़्मे-जिगर भी है
ये नसीबे-इश्क़ की गर्दिशें[8]! कि ज़मां-मकां[9] से गुज़र के भी
वही आस्मां, वही शामे-ग़म, वही शामे-ग़म की सहर भी है
तेरे कैफ़े-हुस्न की[10] जान है मेरी बेदिली-ओ-फ़सुर्दगी
जिसे कहते हैं ग़मे-रायगां[11] वो लिये हुए कुछ असर भी है
न रहा हयात की[12] मंज़िलों में वो फ़र्क़ नाज़ो-नियाज़ भी
कि जहां है इश्क़ बर्हना-पा-[13] वहीं हुस्न खाक-ब-सर[14] भी है
वो ग़मे-फ़िराक़[15] भी कट गया, वो मलाले-इश्क़[16] भी मिट गया
मगर आज भी तेरे हाथ में वही आस्तीं है कि तर भी है
जो विसालो-हिज्र से दूर है, जो करम सितम से है बेख़बर
कुछ उठा हुआ है वो दर्द भी, कुछ उठी हुई वो नज़र भी है

---

1. अँधेरा 2. रात 3. सुबह का आवरण 4. मृत्यु रूपी आत्मविसर्जन 5. देखने वालों को
6. देखने योग्य, पारखी 7. दर्शनों का मारा हुआ 8. प्रेम के भाग्य के चक्र 9. समय और
स्थान 10. सुन्दरता के आनन्द की 11. व्यर्थ का ग़म 12. जीवन की 13. नंगे पाँव 14. सर
में धूल भरे 15. विरह का ग़म 16. प्रणय दुःख

ये पता है उसकी इनायतों ने ख़राब कितनों को कर दिया
ये ख़बर है नर्गिसे-नीमवा की[1] गिरह में फ़ितना-ओ-शर[2] भी है

उसी शामे-मर्ग की तीरगी में[3] है जल्वा-हा-हयात[4] भी
उन्हीं ज़ुल्मतों के हिजाब में[5] ये चमक, ये रक़्से-शरर[6] भी है

वही दर्द भी है, दवा भी है वही मौत भी है, हयात भी
वही इश्क़ नाविके-नाज़[7] है, वही इश्क़ सीना-सिपर[8] भी है

तू ज़मां-मकां से गुज़र भी जा, तू रहे-अदम[9] को भी काट ले
वो सवाब[10] हो कि अज़ाब[11] हो, कहीं ज़िन्दगी से मफ़र[12] भी है

जो गले तक आके अटक गया, जिसे तल्ख़-काम[13] न पी सके
वो लहू का घूंट उतर गया तो सुना है शीरो-शकर[14] भी है

बड़ी चीज़ दौलतो-जाह[15] है, बड़ी वुसअतें[16] हैं नसीब उसे
मगर अहले-दौलतो-जाह में[17] कहीं आदमी का गुज़र भी है

ये शबे-दराज़[18] भी कट गई, वो सितारे डूबे, वो पौ फटी
सरे-राह ग़फ़लते-ख़्वाब से[19] अब उठो कि वक़्ते-सहर[20] भी है

जो उलट चुके हैं बिसाते-दहर को[21] अगले वक़्तों में बारहा—
वही आज गर्दिशे-बख़्त[22] है, वही रंगे-दौरे क़मर[23] भी है

न ग़मे-अज़ाबो-सवाब से कभी छेड़ फ़ितरते-इश्क़ को
जो अज़ल से[24] मस्ते निगाह है उसे नेको-बद[25] की ख़बर भी है

वो तमाम शुक्रो-रज़ा सही, वो तमाम सब्रो-सुकूं सही
तू है जिस से मायले-इम्तिहां[26] वो फ़रिश्ता है तो बशर[27] भी है

---

1. अधखुली आँखों की 2. फ़ितने-फ़साद 3. मृत्यु की रात के अँधेरे में 4. जीवन के दर्शन
5. अँधेरों के आवरण 6. चिंगारी का नृत्य 7. प्रेयसी का तीर 8. छाती की ढाल 9. परलोक
का मार्ग 10. पुण्य 11. यातना 12. मुक्ति 13. असफल व्यक्ति 14. दूध और शक्कर
(चीनी) 15. धन-वैभव 16. विशालताएँ 17. वैभवशालियों में 18. लम्बी रात 19. नींद
की अचेतना से 20. सुबह का समय 21. संसार के तख़्ते को 22. भाग्य-चक्र 23. चाँद
की परिक्रमा का ढंग 24. आदिकाल से 25. अच्छाई-बुराई 26. परीक्षा-प्रवृत्त 27. मनुष्य

कोई अहले-दिल की कमी नहीं मगर अहले-दिल को ये क़ौल[1] है
अभी मौत भी नहीं मिल सकी, अभी ज़िन्दगी में कसर भी है

तेरे ग़म की उम्रे-दराज़ में[2] कई इंक़िलाब[3] हुए, मगर
वही तूले-शामे-फ़िराक़[4] है, वही इन्तिज़ारे-सहर[5] भी है

---

1. कथन 2. दीर्घ आयु में 3. परिवर्तन 4. विरह की रात की लम्बाई 5. सुबह की
प्रतीक्षा

फ़ज़ा-ए-अर्श पे[1] भी मौजे-बादा का[2] शक है
निगहे-मस्त का साक़ी असर कहां तक है

जुनूं[3] के तपते बनों में तेरा दिशा हुआ सोज़
फ़ज़ा-ए-सुब्हे-गुलिस्तां में[4] तेरी ठंडक है

मशीय्यतें[5] कभी बदली हैं और न बदलेंगी
यक़ीन इसका ज़माने को है, मुझे शक है

तेरी जफ़ा का वो आलम नहीं रहा लेकिन
जो हाले-इश्क़ था आग़ाज में[6] वो अब तक है

अज़ल से ता ब अबद[7] ज़ेरे-चख़[8] ठान के रन
अज़ल[9] हज़ार लड़े ज़िन्दगी भी अनथक है

बनेगी ग़म के अनासिर से[10] इक नई दुनिया
नशाते-हुस्न से[11] तुम पूछ लो अगर शक है

कहा था हुस्न ने दिल से उलट दे नज़्मे-जहां[12]
इसी सलाह पे दिल कारबंद अब तक है

शिक़्तो-फ़त्ह से रह इश्क़ की तरह बेफ़िक्र
किसी के हाथों जिसे गाम-गाम पर[13] ज़क[14] है

---

1. सातवें आकाश के वातावरण पर 2. शराब की तरंग का 3. उन्माद 4. वाटिका की सुबह के वातावरण में 5. ईश्वरेच्छायें 6. प्रारम्भ में 7. आदि से अंत तक 8. आकाश तले 9. मृत्यु 10. तत्वों से 11. सौन्दर्य की प्रसन्नता से 12. संसार-व्यवस्था 13. पग-पग पर 14. हानि, पराजय

नशाते-इश्क़ के खुलते ही भेद आंख भर आई
अभी तो हँसते थे ये हाल क्यों अचानक है

'फ़िराक़' ऐसे में क्यों आंख डबडबा आई
हवा में नर्म लचक है फ़ज़ा में ठंडक है

ग़मज़दों का क्यों पता देने लगीं बातें तेरी
दिन तेरे भरपूर, रंगा-रंग हैं रातें तेरी

इक सुकूते-दास्तां दर दास्तां[1] तेरी निगाह
इक सुकूने-हश्र-सामां[2] ये मुलाक़ातें तेरी

है उन्हीं में एक मर्गे-नागहां[3] का भी फ़रेब
हम को सब मालूम हैं ऐ ज़िन्दगी घातें तेरी

आंखें भर आयेंगी सीनों में उमड़ आयेंगे दिल
जब दयारे-यार में[4] याद आयेंगी बरसातें तेरी

अब मेरी आवाज़ पर्दा है तेरी आवाज़ का
ये मेरे नग़मात हैं ऐ दोस्त या बातें तेरी

हुस्न ही का दूसरा नाम इक सुकूने-बेकरां[5]
फूल की सेज़ें तेरी, नींदें तेरी, बातें तेरी

दास्तां दर दास्तां है शायरी तेरी 'फ़िराक़'
महफ़िले-अंजुम[6] तेरी, रातें तेरी, बातें तेरी

---

1. कहानी दर कहानी मौन 2. प्रलयकारी शान्ति 3. सहसा मृत्यु 4. प्रिय के नगर में
5. असीम शान्ति 6. सितारों की सभा

हम अहले-ग़म का मुक़द्दर सो चुका कब का
ये इन्क़िलाबे-ज़माना तो हो चुका कब का
न ज़िक्रे-मौजे-फ़ना[1] कर कि ग़म के बेड़ों को
गुदाज़े-सीना-ए-साहिल[2] डुबो चुका कब का
वही है टीस, वही सीना-ए-फ़ज़ा की कसक
दिले-ख़राब मुहब्बत में रो चुका कब का
वही है उस निगाहे-मस्त की सियहकारी[3]
गुनाहे-इश्क़ भी दामन को धो चुका कब का
उम्मीदवार अभी तक है इश्क़ की दुनिया
दिले-हज़ीं[4] तो सुना जान खो चुका कब का
कोई कहां तक अब अपनी ही जान को रोए
ये सानिहा[5] तो मुहब्बत में हो चुका कब का
कुछ और काम बता, गम, रगे-मुहब्बत में[6]
हयातो-मौत के उनसुर[7] समो चुका कब का
निगाहे-नाज़ तेरी पुर्सिशे-निहां के[8] निसार
मुझे जुनूं[9] न सही होश खो चुका कब का
वफ़ूरे-गिरया में[10] ये बेकसी मुहब्बत की
ख़ुलूसे-हुस्न भी दामन भिगो चुका कब का
'फ़िराक़' और कोई दास्ताने-इश्क़ सुना
फ़साना-ए-ग़मो-शादी[11] तो हो चुका कब का

---

1. मृत्यु-तरंग की चर्चा 2. तट की छाती का पिघलाव 3. दुराचार 4. दुःखी दिल 5. दुर्घटना
6. प्रेम की नस में 7. तत्व 8. चुपचाप हाल-चाल पूछने के 9. उन्माद 10. विलाप की
अधिकता में 11. दुःख और सुख की कहानी

न पूछ तेरी मुहब्बत में हाथ क्या आया
न चाहिये मुझे अब कुछ भी और भर पाया

थे तुझसे या थे ज़माने से बेख़बर ऐ दोस्त
ये जान बूझ के धोका दिलों ने क्यों खाया

ख़्याले-गेसू-ए-जानां[1] की वुसअतें[2] मत पूछ
कि जैसे फैलता जाता हो शाम का साया

कुछ ऐसा रंजे-जुदाई भी था, न आज मगर
सुकूने-नीम-शबी में[3] बहुत तू याद आया

ज़ियादा ज़ाफ़[4] से देना भी कोई देना है
दिलों ने तेरी मुहब्बत का जाम छलकाया

कभी सुने न तक़ाज़ा-ए-फ़ितरते-मासूम[5]
उसी ने ख़ुल्द[6] से इन्सान को निकलवाया

पड़ी थी दौलते-कौनेन[7] दारे-इम्कां में[8]
कहां से इश्क़ भी यारब ये दिल उठा लाया

निगाहे-होश-रुबा[9] तक तो थे हवास बजा[10]
मैं खो गया हूं उन आंखों का जब पता पाया

फ़रेबे-हिज्र वही है, वही फ़रेबे-विसाल
अभी कहां तुझे खोया अभी कहां पाया

---

1. प्रिया के केशों का विचार 2. व्यापकताएँ 3. आधी रात की शान्ति में 4. सामर्थ्य
5. अबोध-प्रकृति के तकाज़े 6. जन्नत 7. दोनों लोकों का धन 8. सम्भावना गृह में 9. होश
उड़ाने वाली नज़र 10. होश ठीक थे

बतायें क्या दिले-ग़मगीं उदास कितना था
कि आज तो निगहे-नाज़ ने भी समझाया

रहेंगी याद रसा-कारियां[1] तेरी ऐ इश्क़
अरे कहां से कहां अहले-दिल को पहुंचाया

तू इश्क़ ही की पशेमानियों को[2] रोता है
तुझे खबर ही नहीं हुस्न भी तो पछताया

यहां तो नब्ज़े-ज़मानो-मकां[3] भी दूदी[4] है
तेरा जुनूने-मुहब्बत मुझे कहां लाया

तेरी निगाह हुई जब तो ज़िन्दगी पाई
कि आज तक तो मुझे मौत ने भी तरसाया

सदा-ए-दिल[5] हुई साबित हरीफ़े-ज़र्बे-कलीम[6]
मैं डर रहा था कि पत्थर से शीशा टकराया

दिलों ने तुझ से भी जिस को बचा के रक्खा था
निगाहें-यार वही दर्द आज काम आया

निगाहे-शौक़ ने कुछ, अंजुमन ने कुछ समझा
कोई न देख सका! इस तरह वो शर्माया

मुनासिबत[7] भी है कुछ ग़म से मुझ को और ऐ दोस्त
बहुत दिनों से तुझे मेह्रबां नहीं पाया

ये ज़िन्दगी के कड़े कोस याद आता है
तेरी निगाहे-करम[8] का घना-घना साया

'फ़िराक़' देख यहां एक हैं ज़मानो-मकां
तलाशे-दोस्त में, मैं भी कहां निकल आया

---

1. पहुँच 2. पछतावों को 3. देश और काल की नाड़ी 4. धुआँ 5. दिल की आवाज़
6. हज़रत मूसा की ख़ुदा से हुई बातचीत की प्रतिद्वन्द्वी 7. परस्पर लगाव 8. कृपा-दृष्टि

शोरिशे - कायनात[1] है ख़ामोश
मौत है ज़िन्दगी के दोश-दोश[2]

हैं तुझी पर निसार मस्ती-ओ-होश
कुछ तो ले चैन ऐ दिले-ग़म-कोश[3]

क्या ये बेताबी-ए-ख़िताबो-कलाम[4]
ज़िन्दगी ख़ुद है इक पयामे-ख़मोश[5]

रस्नो - दार[6] आज लरज़ां हैं[7]
ज़र्रा - ज़र्रा है मेह्र-दर-आग़ोश[8]

इश्क़ की ख़ुद-नुमाईयां[9]! जिनकी
ख़ुद है बर्क़े-जमाल[10] पर्दा-पोश

एक भी तो संभल नहीं पाता
ज़िन्दगी है कि वादा-ए-सरजोश[11]

और आलम[12] है दिल दुखों का तेरे
अब वो जोंमे-जुनूं[13], न शोरिशे-होश[14]

दिन के हंगामे एक शोरिशे-ग़ैब
रात की ख़ामुशी पयामे-सरोश[15]

---

1. ब्रह्माण्ड का कोलाहल 2. कन्धे से कन्धा मिलाए 3. दुःख-प्रिय दिल 4. सम्बोधन तथा वार्ता की उत्सुकता 5. मौन-संदेश 6. फाँसी का तख़्ता और फंदा 7. काँप रहे हैं 8. गोद में सूरज लिये 9. आत्म-प्रकटन 10. सौन्दर्य की बिजली 11. तीखी शराब 12. स्थिति 13. उन्माद का घमंड 14. होश में होने का कोलाहल 15. देव-वाणी रूपी संदेश

तुझ से ऐ रस्मो-राहे-नज़्मे-कुहन[1]
ज़िन्दगी हो चली है क्यों रूपोश

अब तो सोज़ो-साज़ भी न रहा
बज़्म-बरख़ास्त[2], शमए-बज़्म ख़मोश

जल्वए – मेहरे – इंक़िलाब[3] न पूछ
उड़ गये ज़ुल्मते-हयात[4] के होश

हुस्न-सुब्हे-अज़ल[5] की शाने-फ़िराक़'
इश्क़ की बेख़ुदी क़ियामत-कोश[6]

---

1. जर्जर व्यवस्था के ढंग 2. सभा उठ चुकी 3. परिवर्तन रूपी सूर्य की झलक 4. जीवन के अँधेरे के 5. आदि सुबह की सुन्दरता 6. प्रलयकारी

कुछ मुज़्तरिब[1] सी इश्क़ की दुनिया है आज तक
जैसे कि हुस्न को नहीं देखा है आज तक

तेरी अदा-अदा से हम-आहंग[2] हूं, मगर
दिल बेक़रारे-अर्ज़े-तमन्ना[3] है आज तक

बस इक झलक दिखा के जिसे तू गुज़र गया
वो चश्मे-शौक़[4] मह्वे-तमाशा[5] है आज तक

अफ़लाक[6] से दबी है कब उफ़्तादगी-ए-इश्क़[7]
पस्ती[8] हरीफ़े-औजे-सुरैया[9] है आज तक

उस एक दौरे-जाम को मुद्दत गुज़र गई
दिल पर तेरी निगाह का धोका है आज तक

यूं तो उदास ग़म कदा-ए-इश्क़[10] है मगर
इस घर में इक चराग़ सा जलता है आज तक

जिसके ख़ुलूसे-इश्क़ के[11] अफ़साने बन गये
तुझ को उसी से रंज़िशे-बेजा[12] है आज तक

परछाइयां नशातो-अलम[13] की हैं दर्मियां
यानी विसालो-हिज्र का पर्दा है आज तक

---

1. अधीर 2. सहमत 3. प्रणय निवेदन के लिए बेचैन 4. अभिलाषी आँख 5. दर्शन-मग्न
6. आकाश, भाग्य 7. प्रेम का विनय 8. नीचाई 9. कृतिका नक्षत्र की ऊँचाई की प्रतिद्वन्द्वी
10. प्रेम का शोक-गृह 11. सच्चे प्रेम के 12. व्यर्थ का मन-मुटाव 13. हर्ष तथा व्यथा

वीरानियां जहान की आबाद हो चुकीं
जुज़[1] इक दयारे-इश्क़[2], कि सूना है आज तक

मुद्दत हुई किसी को मिटे कू-ए-यार में[3]
इक नातवां[4] ग़ुबार सा उठता है आज तक

सारी दिलों में हैं ग़मे-पिनहां[5] की काविशें[6]
जारी कशकशे-ग़मे-दुनिया[7] है आज तक

हम बेख़ुदाने-इश्क़[8] बहुत शादमां[9] सही
लेकिन दिलों में दर्द सा उठता है आज तक

छेड़ा है ग़म ने फिर वही दिल का मुआमला
जिस को उठा रखा है[10] उन आंखों ने आज तक

पूरा भी हो के जो कभी पूरा न हो सका
तेरी निगाह का वो तक़ाज़ा है आज तक

तूने कभी किया था जुदाई का तज़किरा[11]
दिल को वही लगा हुआ खटका है आज तक

इस राज़ की ख़ुद अहले-वफ़ा को ख़बर नहीं
जिस तरह तेरे ग़म ने निबाहा है आज तक

ता उम्र[12] ये फ़िराक़' बजा[13] दिल-गिरफ़्तगी[14]
पहलू में क्या वो दर्द भी रखा है आज तक

---

1. सिवाय 2. प्रेम नगर 3. प्रेयसी की गली में 4. निर्बल 5. भीतरी दुःख 6. प्रयत्न
7. सांसारिक दुःखों का संघर्ष 8. प्रेम के कारण आत्म-विस्मृत 9. प्रसन्न 10. छोड़ रखा है
11. चर्चा 12. आयु भर 13. उचित 14. आसक्ति, इश्क़

अहले-दिल को कोई ख़ुशी न मलाल[1]
अब तो बस वो है और तेरा ख़याल

क्या ये वहमो-फ़रेबे-हिज्रो-विसाल[2]
इश्क़ को इन मुसीबतों में न डाल

ये धड़कता है दिल कि सीने में
कौंदती हैं किसी की बर्क़ें-जमाल[3]

ता अबद[4] एक दौरे-हाज़िर[5] है
इश्क़ की उम्र में न माह न साल

जोश ज़न है[6] अज़ल से[7] बहरे-हयात[8]
कहने की बात है कमालो-ज़वाल[9]

जोशे-परवाज़[10] इन फ़ज़ाओं में
दोश पर[11] क्यों वबाल[12] है परो-बाल[13]

ज़िन्दगी करवटें बदलती है
थरथराता है नज़्मे-माज़ी-ओ-हाल[14]

ज़िन्दगी है तो बेक़रारों की
बन गये हैं किसी की बर्क़ें-जमाल

---

1. अफ़सोस, दु:ख 2. मिलन तथा विरह के भ्रम और धोखे 3. सौन्दर्य की बिजली 4. अंत तक 5. वर्तमान युग 6. उफन रहा है 7. आदिकाल से 8. जीवन-सागर 9. पूर्णता तथा पतन 10. उड़ान का जोश 11. कन्धे पर 12. मुसीबत 13. पंख और बाल 14. अतीत तथा वर्तमान की व्यवस्था

लिये जाते थे लोग एक मय्यत[1]

आह वो शामे-हिज्रो-सुब्हे विसाल[2]

अब कहां वो जमाले-चश्म-अफ़रोज़[3]

सोहबतें हो गई वो ख़्वाबो-ख़याल

इश्क़ को दिल्लगी समझते थे

हो गया अब वो जान का जंजाल

इश्क़ में और नशात[4] की उम्मीद

आस्तीं में 'फ़िराक़' सांप न पाल

---

1. अर्थी, जनाज़ा 2. विरह की रात तथा मिलन की सुबह 3. आँखों को प्रकाशमान करने वाला सौन्दर्य 4. आनन्द, हर्ष

कम अभी अगरचे रस्मो-राह नहीं
अब वो पहली तेरी निगाह नहीं

तुझ पे इल्ज़ाम कुछ नहीं लेकिन
अब मेरा और तेरा निबाह नहीं

ग़म भी है जुज़्वे-ज़िन्दगी[1] लेकिन
ज़िन्दगी अश्क[2] और आह नहीं

दिल कि इक क़तरए-ख़ूं[3] नहीं है बेश[4]
कोई डूबे अगर तो थाह नहीं

देख कर भी तुझे न देख सके
हुस्न बाज़ीचए - निगाह[5] नहीं

क़ता[6] कर ले ताल्लुक़ात कि हम
क़ाइले - दीद गाह - गाह[7] नहीं

रूहे-आदम[8] गवाह है कि बशर[9]
अभी शाइस्तए - गुनाह[10] नहीं

मौत भी ज़िन्दगी में डूब गयी
ये वो दरिया है जिस की थाह नहीं

हमने दुनिया संवार दी, यूं तो
कौन ज़ेरे - फ़लक[11] तबाह नहीं

---

1. जीवन का अंग 2. आँसू 3. लहू की बूँद 4. अधिक 5. नज़रों का खेल 6. विच्छेद
7. कभी-कभी होने वाले दर्शन के क़ाइल 8. मानव-आत्मा 9. मनुष्य 10. पाप करने का
तमीज़दार 11. आकाश तले

है ये दुनिया अमल[1] की जौलाँगाह[2]
मयकदा और ख़ानक़ाह नहीं

कोई समझे तो एक बात कहूं
इश्क़ तौफ़ीक़[3] है गुनाह नहीं

तू न बदला न मैं मगर ए दोस्त
आज वो दिल नहीं वो चाह नहीं

रात में रंग है, वही लेकिन
वो ख़मे – गेसू – ए – सियाह[4] नहीं

मर्तबा देख ख़ाके-आदम का[5]
ये मक़ामाते – मेह् रो – माह[6] नहीं

क्यों तेरा ग़म बदलता रहता है
ये तो ग़म है तेरी निगाह नहीं

ये मुसावाते-इश्क़[7] देख 'फ़िराक़'
इम्तियाज़े – गदा – ओ – शाह[8] नहीं

---

1. कर्म 2. कर्म-क्षेत्र 3. सामर्थ्य 4. काले केशों के बल 5. मनुष्य रूपी मिट्टी का
6. चाँद-सूरज की श्रेणी 7. प्रेम और समानता का व्यवहार 8. राजा और रंक का विभेद

ये डर रहा हूं कि ऐसे में वो न याद आ जायें
ये काली काली घटायें, ये ऊदी ऊदी हवायें

कहां तक आह तलाशे-अजल[1] में जान खपायें
'फ़िराक़' आओ इसी ज़िन्दगी को मौत बनायें

दमे-अख़ीर[2] किसी की जफ़ायें[3] क्यों याद आयें
हमें भी चाहिये इस वक़्त जी में कुछ शर्मायें

ये बोझ ले के अगर गिर पड़ें तो बेड़ा पार
उठे न बारे-मुहब्बत[4] तो खेप ही हो जायें

ये क्या कहा न रहे इश्क़ और मिलते रहें
अब ऐसी बातों में क्या है कहो तो मुंह न दिखायें

हैं गरचे अहले-नज़र को[5] बड़े-बड़े दावे
कहीं वो जल्वानुमा हो तो[6] देखते रह जायें

ग़रज़ कि होश में आना पड़ा मुहब्बत को
हमीं को देख लें दीवाने तेरे दूर न जायें

ज़माने की भी तो है दास्तान रंगा-रंग
फ़साना अपनी मुसीबत का ता-ब-कै[7] दोहरायें

फ़ज़ा-ए-दश्त[8] की पहचानती है ये आवाज़
दिले-ख़राब को ये कौन दे रहा है सदायें[9]

---

1. मृत्यु की तलाश 2. अन्तिम समय 3. प्रेम सम्बन्धी अत्याचार 4. प्रेम का बोझ 5. पारखी जनों को 6. दर्शन दे तो 7. कब तक 8. जंगल का वातावरण 9. आवाज़ें

हर   आज़माइशे-राहे-तलब[1]   बजा[2]   लेकिन
तेरी तलाश में दर-दर की ठोकरें तो न खायें

अरे ये आंखों ही आंखों में जाने क्या कह जायें
निगाहे-शौक़[3] है बेबाक उस को मुंह न लगायें

मुआमला तो सुलझता नज़र नहीं आता
बनायें इश्क़ से बातें कि हुस्न को समझायें

सवाले-ग़म का भी निकला, सवाले-मंज़िले-ग़म
कि हसरतें तो वही हैं, जो ख़ाक में मिल जायें

विसालो-हिज्र का[4] ऐसों के कुछ ठिकाना है
कि जा के भी न जायें और आके भी जो न आयें

ये   तेरी   अंजुमने-नाज़[5],   बज़्मे-ग़ैर[6]   नहीं
हमारा काम नहीं कुछ यहां तो क्या उठ जायें

ज़माना बदला है एक आध करवटों से कहीं
अभी अनासिरे-आलम[7] कुछ और पलटे खायें

बहार में न खिले दिल, ख़िज़ां है दूर अभी
न खुल सका कि ये ग़ुन्चे अभी से क्यों मुझायें

मुग़ायरत[8] को छुपाना है दिल-दही[9] क्या है
कहां तक उस निगाहे-आशना के[10] धोके खायें

जहां[11] में तर्के-तअल्लुक़[12] नहीं है तर्के-रुसूम[13]
वो सामने हैं तो हम भी कहां तक आंख चुरायें

अरे ये रंज, ये मासूसियां बजा, लेकिन—
तुझे भी अहले-मुहब्बत[14] ज़रा पुकारे जायें

---

1. प्रेम-मार्ग की परीक्षा 2. उचित 3. अत्यधिक चाहत या अभिलाषा की दृष्टि 4. मिलन तथा बिछोह का 5. प्रिया की नाज़ों भरी सभा 6. शत्रु या प्रेम में प्रतिद्वन्द्वी की सभा 7. संसार के पंचभूत या तत्व 8. विरोध या अस्वजनता 9. ढारस 10. प्रिया की दृष्टि के 11. संसार 12. सम्बन्ध-विच्छेद 13. परम्पराओं का त्याग 14. प्रेमी-जन

न पूछ कैसे किये हज्म इश्क़ के दुख सुख
कोई उतार ले इन को तो हड्डियां उड़ जायें

क़ियामतें[1] न उठाना भी इक क़ियामत है
ये क्या ज़रूर कि मस्ते-ख़िराम[2] हश्र[3] ही ढायें

समय का फेर कहें या समय की बलिहारी
निगाहें अपनी जगह हों और इस तरह फिर जायें

अज़ल से[4] रौनक़े-बज़्मे-जहां[5] है क़ल्बे-तपां[6]
ये अंजुमन भी हवा हो जो ये कंवल[7] बुझ जायें

ये मद में डूबी फ़ज़ा[8] ये सुकूते-नीम-शबी[9]
कहो कि तारों की आंखें कोई फ़साना सुनायें

करें तो किससे करें शौक़े-नारसा[10] का गिला
रुकें तो पांव न मानें चलें तो मुंह की खायें

रगे-हयात[11] न थर्रा के टूट जाये कहीं
ठहर-ठहर के वो ज़ुल्फ़ें न इस तरह बल खायें

वो बेनियाज़,[12] यहां मौतो-ज़िन्दगी यकसां[13]
दुआ बजा[14] मगर ऐसे में किस की खैर मनायें

निगाहे-अहले-मुहब्बत[15]   तमाम   सौगंदस्त!
ख़ुलूसे-शौक़े-निहां[16] देख लें क़सम क्या खायें

जो देख लें वो तेरे ख़ंदा-हा-ए-ज़ेरे-लबी[17]
चमन में ग़ुन्चा-ओ-गुल दिल मसोस के रह जायें

---

1. प्रलय, अत्याचार 2. मस्त चाल चलने वाली (प्रेमिका) 3. प्रलय 4. आदिकाल से
5. संसार रूपी सभा की शोभा 6. तपता हृदय 7. दीपक 8. वातावरण 9. आधी रात की
चुप्पी 10. वह प्रेम जो उन तक पहुँच न सका 11. जीवन-नाड़ी 12. बेपरवाह 13. समान
14. उचित 15. प्रेमी जनों की प्रणय दृष्टि 16. निहित प्रेम की निःस्वार्थता 17. मंद मुस्कान

लिये रहें वो ज़माने में अपनी बेफ़िक्री
जो ग़म-शनास[1] नहीं वो खुशी को मुंह न चिढ़ायें

फ़रोग़े - अंजुमने - दह्र[2] मेहरो - माह[3] सही
जो आग दिल में लगी है उसे भी कुछ उकसायें

जो फ़राग़[4] हैं यूं पायें ज़िन्दगी का मज़ा
कि सांस भी न रुके और दम भी घुटते जायें

दिलों में ठान चुके हैं हम अहले-ग़म क्या-क्या
वो टोक दे तो ये मनसूबे[5] सब धरे रह जायें

कुछ आदमी को हैं मजबूरियां भी दुनिया में
अरे वो दर्दे-मुहब्बत सही तो क्या मर जायें

न ख़त्म हो जो कभी वो भी दास्तां हुई ख़त्म
झपक रही हैं सितारों की आंखें अब सो जायें

'फ़िराक़' बाद को मुमकिन है ये भी न हो सके
अभी तो रो भी ले कुछ हँस भी ले वो आयें न आयें

---

1. दुःख से परिचित 2. संसार रूपी सभा का प्रकाश 3. चाँद-सूरज 4. अवकाश प्राप्त
5. योजनाएँ

उम्मीदे-दीद[1] बढ़ के न फ़ुर्क़त की[2] शाम हो
ये हश्रे - आरज़ू भी न सौदा - ए - ख़ाम[3] हो

फ़ुर्क़त हो या विसाल[4] फ़ना या दवाम[5] हो
ऐ इश्क़े-मुज़्तरिब[6] कहीं तुझ को क़ियाम[7] हो

अल्लाह रे इज़्तिराब[8] कि जिस इज़्तिराब का
मौजे-फ़ना[9] भी इक असरे-नातमाम[10] हो

यूं ही लिये-दिये सरे-बज़्म[11] ऐ निगाहे-नाज़[12]
इस लुत्फ़े-खास[13] में भी इक अन्दाज़े-आम[14] हो

रुसवाइयों का ख़ौफ़ भी आख़िर फ़रेब है
ऐ दर्दे-आशिक़ी, ग़मे-बे-नंगो-नाम[15] हो

ले सरहदे-वुजूदो-ओ-अदम[16] भी गुज़र गयी
ऐ क़ल्बे-मुज़्तरिब[17] कहीं तुझ को क़ियाम[18] हो

गुलज़ारे-दह्र में[19] वो ग़मे-बे-सबात[20] हूं
जिसकी शिकस्ते-रंग में कैफ़े-दवाम[21] हो

उस जल्वागाहे-नाज़ में[22] ऐ इश्क़े-ग़म-नसीब
जाने को जा ज़रूर मगर कोई काम हो

---

1. दर्शन की आशा 2. जुदाई की 3. बोदा उन्माद 4. मिलन 5. नित्यता 6. बेचैन इश्क़
7. ठहराव 8. व्याकुलता 9. मृत्यु-तरंग 10. अपूर्ण प्रभाव 11. महफ़िल में 12. प्रिया
की दृष्टि 13. विशेष कृपा 14. सामान्य ढंग 15. बदनामी की परवाह न करने वाला ग़म
16. अस्तित्व और अनस्तित्व की सीमा 17. व्याकुल मन 18. शान्ति 19. संसार रूपी
वाटिका में 20. क्षण-भंगुर ग़म 21. स्थायी आनन्द 22. प्रिया के दर्शन स्थल में

आलम[1] तमाम शोख़ी-रफ़्तारे-यार[2] है
ठहरे न आंख नाम को भी गर क़ियाम हो

पर्दे में है जो हुस्न तो ये रंगे-दहर[3] है
ये तेग़ो-आबदार[4] अगर बेनियाम हो

ता के रहीने-शाने-तग़ाफ़ुल[5] हयाते-इश्क़[6]
ऐ दोस्त इक निगाह, कि क़िस्सा तमाम हो

साक़ी वो रंगे-नर्गिसे-राना[7] कि बज़्म में
रिन्दों को[8] भी ख़बर न हो गर्दिश में जाम हो

दिल चाहता है वादा-ए-जानां[9] को उस्तुवार[10]
ऐ वाये इश्क़ में भी अगर इन्तिज़ाम हो

हैरत-सराए-इश्क़ में[11] खो जाइये जहां
दिन हो न रात हो न सहर[12] हो न शाम हो

दिले-इश्क़ में वो आलमे-असरार[13] हो 'फ़िराक़'
जो होश सर ब सर हो, जो ग़फ़लत तमाम[14] हो

---

1. संसार 2. प्रेमिका की चाल की चंचलता 3. संसार की स्थिति 4. आबदार तलवार
5. विमुखता की शान के रहन 6. इश्क़ का जीवन 7. सुन्दर आँखों की स्थिति 8. शराब पीने वालों
को 9. प्रेमिका का वचन 10. दृढ़ 11. इश्क़ के आश्चर्यजनक संसार में 12. सुबह
13. रहस्यपूर्ण स्थिति 14. सरासर प्रमाद

क्या जाम है 'फ़िराक़' मुहब्बत का जाम भी
आबे-हयात[1] भी है अजल[2] का पयाम भी

है दौरे-बज़्म, दौरे-फ़ना-ओ-दवाम[3] भी
गर्दिश में है वो आंख भी गर्दिश में जाम भी

क्या जानिये करिश्मे ये किस के जुनूँ[4] के हैं
ये गुलिस्ताने-सुब्ह[5] ये सहरा-ए-शाम[6] भी

चश्मे-सियाह-कार[7] तेरी पर्दा दारियां
इक दिन करेंगी इश्क़ की बेनंगो-नाम[8] भी

ज़ुल्फ़े-सियह में फंस के दिलों का न पूछ हाल
परवाज़ ता-ब-अर्शे-बरीं[9] ज़ेरे-दाम[10] भी

बू-ए-कफ़न समोई हुई है फ़िज़ा में आज
राज़ आश्ना-ए-सुब्ह[11] है फ़ुर्क़त की शाम भी

जानो-दिलो-जिगर के निशां तक नहीं रहे
उस नाविके-नज़र के[12] अटकते हैं काम भी

कुल कायनात सोज़े-निहां[13] से है मुज़्तरिब[14]
ज़र्राते-बेक़रार[15] भी शमसी निज़ाम[16] भी

---

1. अमृतजल 2. मृत्यु 3. मृत्यु तथा अमरत्व का दौर 4. उन्माद 5. सुबह रूपी वाटिका
6. संध्या रूपी मरुस्थल 7. पापी आँख 8. बदनाम 9. सबसे ऊँचे आकाश तक की उड़ान
10. जाल के नीचे 11. सुबह के भेदों की जानकार 12. नज़रों के तीर चलाने वाली के
13. भीतरी तपन 14. व्याकुल 15. बेचैन कण 16. सौरमंडल

गुल बेवफ़ा, शमीमो-सबा[1] दोनों बेक़रार
बाग़े-जहां में है कहीं रंगे-क़ियाम भी
ये नर्गिसे-सियाह[2] ये बर्क़े-निगाहे-नाज़[3]
ये तेग़[4] खुश ग़िलाफ़[5] भी है बे-नियाम भी
वो आये या न आये मगर आरजू तो है
लायेगा रंग देख ये सौदा-ए-ख़ाम[6] भी
है दर्मियां हिजाब[7] भी और सामना भी है
मैं नामुरादे-इश्क़, भी मैं शादकाम[8] भी
आ साक़िया कि देर से हैं रिन्द[9] मुन्तज़िर[10]
छलकी शराबे-नाब भी टकराए जाम भी
उड़ती हुई लपट ये उन्हीं गेसुओं की[11] है
गुज़रा है इस तरफ़ से वो मस्ते-ख़िराम[12] भी
ऐ दिल वो बज़्मे-नाज़ कहां और तू कहां
जा उस जगह ज़रूर मगर कोई काम भी
वो शौक़ वो तपाक वो बेताबियां कहां
यूं ही है अब तो उस से पयामो-सलाम भी
खा जाये बर्क़े-तूर[13] जहां ठोकरें 'फ़िराक़'
राहे-वफ़ा में[14] आते हैं ऐसे मक़ाम[15] भी

---

1. सुगन्धित वायु तथा पुरवाई 2. काली आँखें 3. प्रेमिका की नाज़ों भरी नज़र की बिजली
4. तलवार 5. सुन्दर ग़िलाफ़ वाली 6. बोदा उन्माद 7. आवरण 8. प्रसन्न 9. मद्यप, शराब का शौक़ीन
10. प्रतीक्षारत 11. केशों की 12. मस्त चाल वाला 13. तूर नामक पर्वत पर बिजली, जिसके
द्वारा हजरत मूसा ने खुदा से बातें की थीं 14. प्रेम-मार्ग में 15. स्थान

ये   सुहानी   उदास   तन्हाई
लेती   है   पिछली   रात   अंगड़ाई

ये   तने-नाज़नीं   की[1]   अंगड़ाई
कहकशां[2]   ने   कमान   लचकाई

लेती   है   कायनात   अंगड़ाई
वो   कहानी   नज़र   ने   दोहराई

वो   सितारों   ने   भी   जमाही   ली
शबे-ग़म   ने   भी   उंगली   चटकाई

ख़ुद   तेरा   दर्द   जैसे   चौंक   उठे
आज   किस   वक़्त   तेरी   याद   आई

बज़्म[3]   थी   लर्ज़िशे   ख़फ़ी   की   मौज[4]
इस   अदा   से   वो   आंख   शर्माई

जैसे   ज़ौक़े   गुनाह[5]   वज्द   में[6]   आये
दोश   पर[7]   यूं   वो   ज़ुल्फ़   लहराई

सुब्हे   फुरक़त[8]   न   अहले-ग़म   को   जगा
रोये   हैं   रात   भर   तो   नींद   आई

तुझे   नींद   आ   गई   कि   खोले   बाल
लेती   है   आधी   रात   अंगड़ाई

आलमे-ख़्वाबे   नाज़[9]!   माथे   पर
छांव   तारों   की   जब   सरक   आई

---

1. सुन्दरी के तन की 2. आकाश-गंगा 3. महफ़िल 4. हल्के कम्पन वाली तरंग 5. पाप की अभिरुचि 6. मस्ती में 7. कन्धे पर 8. विरह की सुबह 9. प्रिया की नींद की स्थिति

अरे इससे तो मौत ही आ जाये
ज़िन्दगी ज़िन्दगी से बाज़ आई

ली है जब जब ज़माने ने करवट
ज़िन्दगी ज़िन्दगी से घबराई

हमने देखा है उनको, मौत ने भी
जिन निगाहों से ज़िन्दगी पाई

उल्टी सांसें भी ले चुका है इश्क़
तेरे होंठों की वो मसीहाई[1]

साफ़ लौ दे उठी उदास फ़ज़ा
मुस्कुराहट तेरी जो याद आई

हो गई कायनात[2] रंगा-रंग
वो गुलाबी[3] नज़र ने छलकाई

यूं मिटाया ग़मो-अलम[4] तूने
शादमानी[5] की आंख भर आई

उबली पड़ती है ख़ारो-ख़स से[6] हयात
किश्ते-हस्ती[7] की देख पैदाई

ये रसाई[8] तो देख, मौत से भी
इश्क़ की दोस्ती निकल आई

थाह देती नहीं पाताल को भी
इश्क़ की ज़िन्दगी की गहराई

यूं तो दो हाथ की है काकुले-नाज़[9]
हद नहीं रखती उसकी गीराई[10]

---

1. चिकित्सा 2. ब्रह्माण्ड 3. मदिरा 4. दुःख-दर्द 5. प्रसन्नता 6. काँटों और घास-फूंस से
7. जीवन की खेती 8. पहुँच 9. प्रिया की केश-राशि 10. पकड़

रम्ज़े-मानूसियत की[1] है तस्वीर
मुझ से कम-कम तेरी शनासाई[2]

दर्मियां थे अभी बहुत पर्दे
हो गई दूर-दूर रुसवाई

अब किसे कोई शादकाम[3] करे
वो तमन्ना न वो तमन्नाई[4]

शामे-ग़म को तेरी झलक न मिली
तारों ने भी निगाह दौड़ाई

आ गई याद किस गुले-तर[5] की
शबनमिस्तां की आंख भर आई

दीदनी[6] था तेरा ख़ुमारे-बदन
जब सितारों ने आंख झपकाई

अब तो यादे-दिले-हज़ीं[7] के लिए
इक कहानी है तेरी रानाई[8]

मैंने छेड़ी 'फ़िराक़' जब ये ग़ज़ल
इश्क़ के दिल की चोट उभर आई

---

1. एक-दूसरे से हिले-मिले होने के भेद या संकेत की 2. जान-पहचान 3. प्रसन्न 4. इच्छुक
5. तरोताज़ा फूल (प्रेमिका) 6. देखने योग्य 7. दुःखित मन की याद 8. सुन्दरता

सब में कहां बातों के क़रीने[1]
लफ़्ज़ हैं या लौ देते नगीने
सीने हैं तेरे ग़म के दफ़ीने
पलकों में आंसू के ख़ज़ीने[2]

जैसे जादू जाग रहा है
वो मस्त आंखें देंगी न जीने
अक्स[3] पड़ा जब हुस्न का तेरे
आबे-हयात[4] को आये पसीने

शो'ला - शो'ला पैकरे - ताबां[5]
जगमग, जगमग मदभरे सीने
उमड़ा सागर उठती जवानी
डगमग-डगमग दिल के सफ़ीने[6]

वादा-ए - फ़र्दा[7] करने वाले
बीत गये दिन हफ़्ते, महीने
दिल ही ने मुझे तुझ से मिलाया
तुझ से छुड़ाया भी दिल ही ने
मेरे ग़म के तेरे सितम के
सब ने लगाये ग़लत तख़मीने[8]

---

1. सुन्दर ढंग 2. ख़ज़ाने 3. प्रतिबिम्ब 4. अमृत जल 5. प्रकाशमान शरीर 6. नौकायें
7. कल का वायदा 8. अनुमान

सब की सफ़ा[1] और मेरी क़ुदूरत
सब का ख़ुलूस न इश्क़ के कीने[2]

राहे-मुहब्बत में पड़ते हैं
लाखों मक्के, लाखों मदीने

इश्क़ ने डालीं उस पे कमंदें[3]
सय्यारे[4] जिस बाम[5] के ज़ीने

नर्ग़े में[6] आ गया इश्क़े-आज़म[7]
टूट पड़े दुनिया के कमीने

क़ौमों को गुमराह किया है
शायर की बेराहरवी ने[8]

आबे हयात हज़्म करने को
कितने ज़हूर पड़ेंगे पीने

देख के तेरा पैकरे - ताबां[9]
सूरज चांद पसीने - पसीने

जोबन में आंखों की झपक है
आंखें जोबन के आईने

रंग तेरा ऊषा का तबस्सुम[10]
रूप वो, लौ जो सितारों से छीने

आज 'फ़िराक़' की नर्म नवाई[11]
चीर गई रातों के सीने

---

1. विमलता 2. कपट 3. फंदे 4. नक्षत्र 5. छत 6. घेराव में 7. महान प्रेम 8. पथभ्रष्टता ने 9. प्रकाशमान शरीर 10. मुस्कान 11. कोमल स्वर

ग़ुस्से की इक रौ आई हुई सी
साफ़ जबीं[1] बल खायी हुई सी

चन्द्र किरन अलसाई हुई सी
जैसे तुझे नींद आई हुई सी

रसमसे होंठों पर वो कुछ-कुछ
मौजे-तबस्सुम[2] आई हुई सी

बोझल-बोझल हुस्न के शाने[3]
पतली कमर बल खायी हुई सी

ऊफ़ वो रसीली नज़र की लगावट
जैसे कोई याद आई हुई सी

छिड़ा हुआ सा साज़े-मुहब्बत
दिल की रगें थरर्राई हुई सी

उस को जब देखो है ये आलम[4]
इक अंगड़ाई आई हुई सी

भारी-भारी तारों की पलकें
नींद तुझे भी आई हुई सी

तुझ से मिल के क्यों है दिल पर
एक उदासी छायी हुई सी

हिज्र में[5] पिछले पहर का आलम
तारों को नींद आई हुई सी

---

1. माथा 2. मुस्कान-तरंग 3. कन्धे 4. स्थिति 5. विरह में

गाम-गाम[1] पर जैसे क़ियामत
ठहरी हुई सी आई हुई सी

दुनिया के आगे बढ़ने में
जन्नत भी ठुकराई हुई सी

उमड़े दिलों के क़ाफ़िले निकले
जैसे नदी लहराई हुई सी

दर्द की मंज़िल से गुज़री है
बादे-फ़ना[2] कतराई हुई सी

आह वो बातें आह वो सूरत
भूली हुई याद आई हुई सी

तेरी मुहब्बत इक दुनिया है
खोयी हुई सी पाई हुई सी

इश्क़ की गुत्थी जाने कब की
सुलझाई - उलझाई हुई सी

गुंबदे - मीना[3] थर्राया सा
और ज़मीं चकराई हुई सी

एक निगाह क़सम खाने को
और वो भी घबराई हुई सी

शो'ला - शो'ला, शबनम-शबनम
याद गुलों की आई हुई सी

रग-रग में इक आंच सी जैसे
दिल की आग उकसाई हुई सी

---

1. क़दम-क़दम 2. मृत्यु-पवन 3. शराब की बोतल का गुंबद (ऊपरी भाग)

नींद सी आई हुई तुझे जैसे
मौसीक़ी[1] अलसाई हुई सी
दिल तो 'फ़िराक़' सखी है तेरा
आंख मगर ललचाई हुई सी

---

1. संगीत

आओ बसायें शह्रे-निगारां[1] ग़ज़ल के बीच
गुलज़ार लहलहाये जहां हर बग़ल के बीच

इन्सान का सफ़र है अबद और अज़ल[2] के बीच
आवाज़े-पा[3] उसी की सुनेंगे ग़ज़ल के बीच

मुझ काफ़िरे-ग़ज़ल की जहे[4] सेह्र-कारियां[5]
बुतख़ाने[6] बोल उठे हैं मेरी हर ग़ज़ल के बीच

मैं चलता-फिरता गोरे-ग़रीबां[7] हूं दोस्तो
हैं दफ़्न लाखों शह्रे-ख़मोशां[8] बग़ल के बीच

दूं क्या हिसाब वक़्त का ऐ गर्दिशे-फ़लक[9]
सदियां गुज़र गईं मुझे एक-एक पल के बीच

रफ़्तारे-इंक़िलाब[10] सलामत रहे[11] नदीम[12]
लाखों ही दौर आयेंगे आज और कल के बीच

हैं थरथराते इन में नवा-हा-ए-सरमदी[13]
पर्दे से कांपते हैं जो साज़े-ग़ज़ल के बीच

ऐ गेसू-ए-नसीमे-सहर[14] मस्दरे-बहार[15]
गुलज़ार खिलते जाते हैं एक-एक बल के बीच

हिलते हैं गिर्द रूए-सुख़न गेसू-ए-ख़याल[16]
मिलते हैं दोनों वक़्त मेरी हर ग़ज़ल के बीच

---

1. सुन्दरियों का नगर 2. अनंतकाल तथा अनादिकाल 3. पैरों की चाप 4. वाह-वाह 5. जादू जगाना 6. मूर्तिगृह 7. परदेसियों का क़ब्रिस्तान 8. क़ब्रिस्तान 9. काल-चक्र 10. परिवर्तन की गति 11. बनी रहे 12. साथी 13. अनश्वर स्वर 14. प्रभात समीर रूपी केश 15. वसन्त का उद्गम स्थान 16. विचार रूपी केश

अंगड़ाइयों में क़ौसे-क़ुज़ह[1] की वो करवटें
वो फूटती पवों का तबस्सुम[2] बग़ल के बीच

रम-ख़ुर्दा[3] आहू-आने-खुतन[4] नग़माज़ार में
अशआर[5] हैं कि जस्ते-ग़ज़ाला[6] ग़ज़ल के बीच

ए काश शायरी तेरी आवाज़े-पा[7] बने
तेरे क़दम की चाप सुनें हर ग़ज़ल के बीच

है रौशनी उसी की सरे-राहे-ज़ीस्तो-मर्ग[8]
शायर है इक चराग़, हयातो-अजल[9] के बीच

तख़ईल[10] मेरी गर्दिशे-तक़दीरे-कायनात[11]—
सय्यारे[12] जैसे गमे-सफ़र[13] हों ग़ज़ल के बीच

बज़्मे-सुख़न[14] में मेरी ज़िया पाशियां[15] 'फ़िराक़'
जैसे सितारे टूट रहे हों ग़ज़ल के बीच

---

1. इन्द्रधनुष 2. मुस्कान 3. दौड़ रहे हैं 4. मध्य एशिया के एक नगर (ख़ुतन) के हिरन, जहाँ की कस्तूरी प्रसिद्ध है 5. शे'र का बहुवचन 6. हिरनों का चौकड़ी भरना 7. पदचाप 8. मृत्यु तथा जीवन के रास्ते में 9. जीवन और मृत्यु 10. कल्पना 11. ब्रह्माण्ड के भाग्य का चक्र 12. नक्षत्र 13. यात्रा-रत 14. काव्य-गोष्ठी 15. प्रकाश छिड़कना

जहां ज़मानो-मकां[1] का नहीं गुज़ारा है
कहां से आज तेरी याद ने पुकारा है

हर एक क़तरे में ग़रक़ाब[2] हस्ती-ए-कौनैन[3]
हर एक ज़र्रे में आफ़ाक़[4] आश्कारा[5] है

ये कायनात का[6] रक़्से-नुमूदो-रक़्से-फ़ना[7]
ये किसने इश्क़ का दर्दे-निहां[8] उभारा है

यहां तो जहरे-हलाहल[9] है आबे-हैवां[10] भी
कहां पे ला के मुझे ज़िन्दगी ने मारा है

रहे-हयात की[11] दुशवारियां न पूछ ऐ दोस्त
मुसाफ़िरों को तेरे दर्द का सहारा है

मैं आस्माने-मुहब्बत से रुख़सते-शब[12] हूं
तेरा ख़याल कोई डूबता सितारा है

कभी हयात कभी मौत के झरोके से
कहां कहां से तेरे इश्क़ ने पुकारा है

नवाए-इश्क़[13] है इन्सानियत का नग़मए-दर्द
उसी ने गेसू-ए-तहज़ीब को[14] संवारा है

हर इक वजूद[15] की आंखों में आंखें डाल के देख
पलक की ओट कोई कांपता सितारा है

---

1. समय और स्थान 2. डूबी हुई 3. दोनों लोकों का अस्तित्व 4. सृष्टि 5. प्रकट
6. ब्रह्माण्ड का 7. आविर्भाव तथा मृत्यु का नृत्य 8. निहित पीड़ा 9. घातक विष
10. अमृतजल 11. जीवन-मार्ग की 12. रात की विदा 13. प्रेम की पुकार 14. सभ्यता
रूपी केश राशि को 15. अस्तित्व

हर एक सीना-ए-इन्सां है चोट खाया हुआ
हर एक शख़्स किसी की नज़र का मारा है

कहां का साथ ये तन्हा सफ़र है तन्हा तक
अज़ल से ता-ब-अबद[1] इश्क़ बे-सहारा है

अगर है हिन्द-शनासी की[2] आरज़ू तुझ को
मेरा कलाम उसी सम्त[3] इक इशारा है

किस आंच की है ये लौहे-जबीं पे[4] नर्म दमक
किन आंसुओं ने रुख़े-हिन्द को[5] निखारा है

ये क़ौले-हिन्द[6] सुनो हम सदा सुहागन हैं
उसी का फूटती पौ जगमगाता तारा है

---

1. आदिकाल से अंतकाल तक 2. भारत को जानने की 3. ओर 4. माथे की तख़्ती पर
5. भारत के चेहरे को 6. भारत का कथन

ग़ज़ल है या कोई देवी खड़ी है लट छिटकाये
ये किसने गेसू-ए-उर्दू को[1] यूं संवारा है

वो नग़मे अबरुओं पर[2] जिनके है अज़ल[3] का सुहाग
हमीं ने साज़े-ग़जल पर उन्हें उतारा है

बयाने-कैफ़ियत[4] उस आंख का हो क्या जिसने
हज़ार बार जिलाया है और मारा है

बग़ौर सुन ये ग़रीबों का हर अमीर से क़ौल[5]
ये माना आज तुम्हारा है कल हमारा है

हर एक आंख के आंसू हैं अपनी पलकों में
हर एक सीने में जो दर्द है हमारा है

पढ़ी समझ के जो तहरीरे-सफ़हए-हस्ती[6]
ये खुल गया कि हर इक लफ़्ज़ इस्तिआरा[7] है

ज़मीने-शे'र का[8] है मोजिज़ा[9] नुज़ूले-'फ़िराक़'[10]
किस आस्मां का ये टूटा हुआ सितारा है

---

1. उर्दू की केश राशि को 2. भौहों पर 3. आदिकाल 4. स्थिति-वर्णन 5. कथन 6. जीवन रूपी पृष्ठ का लेख 7. रूपक 8. काव्य रूपी धरती का 9. चमत्कार 10. कवि 'फ़िराक़' पर आकाश से दिव्य-वाणी उतरना

कभी ऐ निगाहे-करम तेरी मुझे ले ले दामने-नाज़ में
बड़ी आफ़ियत[1] है तेरी क़सम तेरे लुत्फ़े-बंदा नवाज़ में
वो रचाव है न बनाव है, किसी अहले-नाज़ो-नियाज़ में[2]
कि न इश्क़ में है वो बांकपन न वो ख़म[3] है ज़ुल्फ़े-दराज़ में[4]
मेरे शे'र आईनाख़ाने में[5] तेरी बेशुमार अदाओं के
मगर ऐसी भी है कोई अदा जो रहेगी सीना ए-राज़ में
वही सोज़ आलमे-बातिनी[6], वही साज़ आलमे ज़ाहिरी[7]
कि जो कैफ़ियत है शहूद में[8] वही रमज़ियत[9] है मजाज़ में[10]
मेरी शायरी की ये गुल-ज़मीं[11] किसी बाग़े-ख़ुल्द से[12] कम नहीं
ये सिंची है चश्मे-पुरआब से[13] ये तपी है, क़ल्बे-गुदाज़ में[14]
मुझे क्यों न बंदा-ए-हक़[15] कहें, मुझे मोमिनों में[16] न क्यों गिनें
कि रही है मेरी हर इक ग़ज़ल तेरी काफ़िरी के जवाज़ में[17]
ये है ख़िज़्र[18] आबे-हयात क्या जिसे कहिये कैफ़ियते-बक़ा[19]
ग़मे-ज़िन्दगी में है वो निहां कि तुम्हारी उम्रे-दराज़[20] में
अभी हुस्नो-इश्क़ की ज़िन्दगी है असीरे-मौजे-बू-ए-दूई[21]
कि 'फ़िराक़' राजे-निशातो-ग़म[22] न नियाज़ में है न नाज़ में

---

1. शान्ति 2. नाज़-नख़रे दिखाने वाली (प्रेमिका) में 3. टेढ़ 4. लम्बे केशों में 5. शीशे के घर में 6. अंत:करण की स्थिति 7. बाह्यस्थिति 8. प्रत्यक्ष में 9. संकेत 10. वास्तविकता में 11. फूलों की धरती 12. स्वर्ग के बाग़ से 13. सजल नेत्रों से 14. कोमल हृदय में 15. सत्य पुरुष 16. ईश्वरवादियों में 17. औचित्य में 18. एक दीर्घायु पथ प्रदर्शक पैग़म्बर 19. अस्तित्व की स्थिति 20. लम्बी उम्र 21. दूई की गंध-तरंग की बंदी 22. दु:ख-सुख का भेद

कहीं दिल ही के न करिशमे[1] हों तेरी सेहरकारी-ए-नाज़ में[2]
कि हज़ारों जल्वे हैं इश्क़ के तेरे हुस्ने-इश्वा-तराज़ में[3]

वो ख़बर मिली वो नज़र मिली है तेरे इश्वा तराज़ में
कि कहां है इल्मो-हुनर में वो, जो है तेरे शेवा-ए-नाज़ में

यूं ही ज़िन्दगी में पड़े-पड़े मुझे मिल गया जो न मिल सका
न रुकूअ में[4] न सुजूद में[5], न अज़ान में, न नमाज़ में

ये न पूछ कितना जिया हूं मैं, ये न पूछ कैसे जिया हूं मैं
कि अबद[6] की आंख भी लग गई मेरे ग़म की शामे-दराज़ में[7]

जो फ़ज़ा-ए-ग़ैब में[8] गूंज उठीं वो हैं मेरी नग़्मा-सराईयां[9]
परे-जिबराईल को[10] चूम ले, वो लपक है शो'ला-ए-साज़ में

मेरी मंज़िलों का तो ज़िक्र क्या मेरी गर्द को भी न पा सके
जो फ़ज़ा में जज़्ब[11] थीं बिजलियां, वो हैं आज तक तगो-ताज़ में[12]

नहीं मालो-ज़र की ये हैसियत कि इन आंसुओं को ख़रीद ले
कहें जिस को दौलत-ज़िन्दगी वो निहां[13] क़ल्बे-गुदाज़ में[14]

मुझे हर नशेबो-फ़राज़ का[15] उसी जाने-जां में पता चला
वो मुझे मिला तो कहां मिला न नशेब में न फ़राज़ में

---

1. चमत्कार 2. हाव-भाव की जादूगरी में 3. नाज़ो अदा या हाव-भाव दिखाने वाले सौन्दर्य में 4. नमाज़ के लिए झुकने में 5. सिजदा करने में 6. अनंतकाल 7. लम्बी रात में 8. अदृश्य वातावरण में 9. गान 10. अनुकम्पा के फ़रिश्ते के पंखों को 11. छिपी हुई 12. भाग-दौड़ में 13. निहित 14 कोमल हृदय में 15. उतार-चढ़ाव का

जिन्हें मंज़िलों की न फ़िक्र थी, जिन्हें चलते रहने से काम था
मिले ऐसे भी कई क़ाफ़िले तेरे ग़म की राहे-दराज़ में[1]

जो फिर इम्तिज़ाज[2] ये हो सका तो यही गुबार है कीमिया[3]
उसे काश साज़े-अजम[4] भी दें जो है सोज़ ख़ाके-हिजाज़[5] में

ये जमालो-इश्क़ का[6] राब्ता[7] तेरे ग़म की रात बता गई
जो कजी[8] है बख़्ते-सियाह में[9] वही ख़म[10] है जुल्फ़े-दराज़ में[11]

मैं हर एक अहद[12] का राज़दां, मैं 'फ़िराक़' शहरी-ए-हर ज़मां[13]
जो ख़याल-ओ-ख़्वाब हैं सदियों के वे हैं मेरे क़ल्बे-गुदाज़ में[14]

---

1. लम्बे मार्ग में 2. सम्मिश्रण 3. रसायन 4. ईरान-तूरान की साज़ 5. हिजाज़ नामक पश्चिमी अरब के देश की मिट्टी 6. सौन्दर्य तथा प्रेम का 7. सम्बन्ध 8. टेढ़ापन 9. दुर्भाग्य 10. टेढ़ 11. लम्बे केशों में 12. युग 13. हर ज़माने का नागरिक 14. कोमल हृदय में

दिल के अनासिर[1] का ये आलम[2]
बाहम – बाहम[3], बरहम – बरहम[4]

हुस्ने – सरापा[5] शो'ला-ओ-शबनम
सोज़ां – सोज़ां[6] पुरनम – पुरनम[7]

साकित-साकित[8]   शोरिशे-आलम[9]
दिल की सदा[10] भी मद्धम-मद्धम

दिल के दर्द का है ये आलम
ठहरा – ठहरा पैहम – पैहम[11]

आलम-आलम इश्क़ भी तन्हा
तन्हा हुस्न भी आलम-आलम

रंग है किस का, रूप है किसका
निखरा-निखरा   मुबहम-मुबहम[12]

दिल की वो दुनिया थी जो होगी
बरहम हो कर और मुनज्ज़म[13]

आलमे-रंजो-नशात से[14] बढ़ जा
इनके सिवा हैं और भी आलम

इश्क़ की आंच तेरी ही कसर थी
अब इक्सीर[15] है ख़ाके-आदम[16]

---

1. तत्वों का 2. स्थिति 3. आपस में मिले हुए 4. अस्त-व्यस्त 5. बदन का सौन्दर्य
6. ज्वलंत 7. सजल 8. ठहरी हुई, खामोश 9. संसार का कोलाहल 10. आवाज़ 11. निरन्तर
12. अस्पष्ट, गूढ़ 13. व्यवस्थित 14. दुःख तथा प्रसन्नता की स्थिति से 15. रसायन,
रामबाण 16. मानव की मिट्टी

जुल्मतो-नूर की[1] दो मौजें[2] हैं
बल खाया क़द, गेसू-ए-पुरख़म[3]
हासिले-इश्क़ यही है कि कोई
दे भी गया दम, कर भी गया रम

दिल की जिराहत[4] तेरी मुहब्बत
ऐसा जख़्म न ऐसा मरहम
जाती बहारें, आती बहारें
दोनों का हासिल दीदए-पुरनम[5]

इश्क़ में सच ही का रोना है
झूठे नहीं तुम, झूठे नहीं हम
ले अब उसने सितम[6] भी छोड़ा
अब तो दिल का दर्द हुआ कम

हुस्ने – बहारां[7], शोरे – बहारां
शो'लए – पैह्म[8] नारए – मातम[9]
हासिले-इश्क़ यही क्या कम है
कुछ मुझ को ग़म, कुछ तुम को ग़म

हमने भी आज 'फ़िराक़' को देखा
सोज़े – मुकम्मल[10] दर्दे – मुजस्सम[11]

---

1. अँधेरे-उजाले की 2. लहरें 3. बलदार केश 4. घाव 5. सजल आँख 6. अत्याचार
7. वसन्त का सौन्दर्य 8. निरन्तर भड़कने वाला शो'ला 9. सोग की आवाज़ 10. पूर्ण तपन
11. साकार पीड़ा

सर-ब-सर सोज़ो-साज़ का आलम[1]
पैकरे-नाज़[2], राज़ का आलम

बल पे बल खाये जैसे क़ौसे-क़ुज़ह[3]
तेरे क़द्दे-दराज़ का[4] आलम

रंग, अमवाजे - रक़्से - सुब्हे - बहार[5]
रूप लौ देते, साज़ का आलम

अंबरी-जुल्फ़ में[6] सिमट आया
महकी रातों के राज़ का आलम

मद में डूबी लिक़ा-ए-रंगीं में[7]
हर गुनह के जवाज़ का[8] आलम

नर्म - दोशीज़गी[9] निगाहों की
एक मानूस[10] राज़ का आलम

मद में डूबी हुई ये आधी रात
नर्गिसे - नीमबाज़ का[11] आलम

पिछली शब को[12] वो जिस्म सर-ता-सर
आहू - ए - नीमबाज़ का[13] आलम

ख़म-ब-ख़म[14], गेसू-ए-मुसलसल में[15]
शबे-अफ़साना[16], साज़ का आलम

---

1. स्थिति 2. साकार हाव-भाव 3. इन्द्रधनुष 4. लम्बे क़द का 5. वसन्त की सुबह की नृत्य-लहरियाँ 6. सुगन्धित केशों में 7. रंगीन भेंट में 8. औचित्य का 9. कोमल कुँवारापन 10. परिचित 11. (प्रिया की) अधखुली आँख का 12. रात को 13. अधखुले नयनों वाले हिरन का 14. पेच दर पेच 15. लम्बे केशों में 16. कहानी कहने की रात

उन निगाहों की ठंडी छांव में
कुछ सितारों के राज़ का आलम
मुस्कुराहट के नर्म शो'लों में
मिस्ले-शबनम[1] गुदाज़ का आलम

कैफ़-अंगेज़[2] मस्त अदाओं में
दस्ते-पैमाना[3] साज़ का आलम

जिस्मे-रा'ना[4] तमाम राज़ो-नियाज़
सर-ब-सर साज़बाज का आलम

नाज़ो-अन्दाज़ के शिगूफ़ों में[5]
नर्गिसे-फ़ितना-साज़ का[6] आलम

चश्मके - बर्क़े - हुस्ने - काफ़िर में[7]
निगहे - पाक- बाज़ का आलम

क़दे-रा'ना में[8] भी निकलता है
तेरी ज़ुल्फ़ें-दराज़ का[9] आलम

मेरे नग़्मों की नर्म लै में देख
जुंबिशे-पा-ए-नाज़[10] का आलम

हमने देखा है नर्म अदाओं में
निगहे - दिल - नवाज़ का आलम

सर-ब-सर-सोज़ो - साज़े - पिन्हां में[11]
मये - मीना[12] गुदाज़ का आलम

---

1. ओस की भाँति 2. आनन्दायक 3. मदिरा पात्र वाला हाथ 4. सुन्दर शरीर 5. कलियों में 6. उपद्रव उठाने वाली आँखों का 7. काफ़िर या प्रिया के सौन्दर्य की बिजलियों के वैमनस्य में 8. सुन्दर क़द में 9. लम्बे केशों का 10. नाज़ुक पैरों की थरथराहट 11. निहित साज़ और सोज़ में 12. सुरादानी

पेच-दर-पेच   गेसु-ए-शब   ताब[1]
तेरी उम्रे - दराज़[2] का आलम

कैफ़ो-कम में[3] गुलाबी आंखों के
बादा - ए - ख़ाना - साज़ का[4] आलम

ढूंढता हूं निज़ामे - हस्ती में[5]
तेरे   राज़ो-नियाज़   का   आलम

गाह-गाह[6] उस के नर्म पैकर में[7]
एक   क़ल्बे-गुदाज़   का   आलम

हमने देखा है देर तक खो के
ग़म की उम्रे-दराज़ का[8] आलम

निगाहे-शोख के सुभाव न पूछ
बे चले तर्के-ताज़ का[9] आलम

मेरे अशआर[10] के कनायों में[11]
हुस्न के नीमे-नाज़[12] का आलम

एक आलम है ख़ल्वते-शब में[13]
इन्किशाफ़ाते-राज़   का[14]   आलम

तेरी   आवाज़ नूर का तड़का
नर्म आहंग[15], साज़ का आलम

उन निगाहों में गाह-गाह 'फ़िराक़'
जैसे   अर्ज़े-नियाज़[16] का आलम

---

1. रात को चमकाने वाले केश 2. दीर्घायु 3. मस्ती में 4. घर की खिंची शराब का
5. जीवन-व्यवस्था में 6. कभी-कभी 7. बदन में 8. कोमल हृदय 9. आक्रमण-त्याग का
10. शे'र का बहुवचन 11. संकेतों में 12. अधूरे हाव-भाव का 13. रात के एकान्त में
14. रहस्योद्घाटन का 15. राग का स्वर 16. प्रणय-प्रार्थना

कहां तक आह तलाशे-अजल में[1] जान खपायें
'फ़िराक़' आओ इसी ज़िन्दगी की मौत बनायें

ज़माने की भी तो है दास्तान रंगा-रंग
फ़साना अपनी मुसीबत का ता-ब-कै[2] दोहरायें

फ़ज़ा-ए-दशत[3] भी पहचानती है ये आवाज़
दिले-ख़राब को ये कौन दे रहा है सदायें[4]

बहार में न खिले दिल, ख़िज़ां[5] है दूर अभी
न खुल सका कि ये ग़ुंचे[6] अभी से क्यों मुझायें

ये मद में डूबी फ़जा, ये सुकूते-नीमशबी[7]
कहो कि तारों की आंखें कोई फ़साना सुनायें

रगे-हयात[8] न थर्रा के टूट जाये कहीं
ठहर-ठहर के वो जुल्फें न इस तरह बल खायें

न ख़त्म हो जो कभी वो भी दास्तां हुई ख़त्म
झपक रही हैं सितारों की आंखें अब सो जायें

---

1. मृत्यु की खोज 2. कहाँ तक 3. जंगल का वातावरण 4. आवाजें 5. पतझड़ 6. कलियाँ
7. आधी रात का मौन 8. जीवन-नाड़ी

क़हर[1] है तेरा या तेरी रहमत[2]

इश्क़, मुहब्बत, उलफ़त, चाहत

छोड़ ये बहसे-मजाज़ो-हक़ीक़त[3]

पहले मुहब्बत, सीख मुहब्बत

तेरी सूरत मेरी तबियत

ये भी कहानी वो भी हिकायत[4]

दुनिया की बदली जो हालत

हुस्न भी भूला नाज़ो-नज़ाकत

इक मुद्दत से है अब तो ये हालत

होश न ग़ाफ़लत[5], रंज न राहत

सीधी क़िस्मत, टेढ़ी क़िस्मत

सब का इलाज है दर्दे-मुहब्बत

एक देस का नाम हैं दोनों

दोज़ख़ कहिये उसे या जन्नत

हुस्न है बेबस देख के तुझ को

ऐ दिले-मुज़्तर[6] ग़ैरत-ग़ैरत[7]

इश्क़ अज़ाब[8] ज़रूर है लेकिन

उस से बचने की कोई सूरत

हुस्न का दिल भी भर आता है

फिर भी हूं शादां[9] उफ़ री तबियत

---

1. प्रकोप 2. अनुकम्पा 3. वास्तविकता-अवास्तविकता का तर्क 4. कहानी 5. अचेतना
6. व्याकुल मन 7. शर्म-शर्म 8. मुसीबत 9. प्रसन्न

देख रहे ये रंग भी अब तक
घटती मुहब्बत, बढ़ती मुरव्वत[1]

एक ही वक़्त में ख़ुशी भी ग़मीं[2] भी
ये भी है इक शाने-मुहब्बत

आज तुम्हीं दिल को समझाओ
मेरी तो पड़ती नहीं हिम्मत

एक इश्क़ और इतने दुश्मन
एक मुसीबत लाख मुसीबत

क्या कहना तुझ को गर मिलती
तेरी सूरत? मेरी तबियत

रह गुज़र-ए-उश्शाक़[3] रही है
दोज़ख़ – दोज़ख़ जन्नत – जन्नत

हुस्न ही है या कुछ ऐ दिल
जाने – इश्क़, ईमाने-मुहब्बत

सोच रहा हूं ज़माना गुज़रा
खाए हुए फ़रेबे – मुहब्बत

इश्क़ अभी से तन्हा-तन्हा
हिज्र[4] की भी आई नहीं नौबत

कुछ तूने भी सुना? कहते हैं
ग़ैर[5] है अब तो 'फ़िराक़' की हालत

---

1. लिहाज़, शील संकोच 2. शोकग्रस्त 3. आशिक़ों का मार्ग 4. विरह 5. ख़राब

इस सुकूते-फ़ज़ा में[1] खो जायें
आस्मानों के राज़ हो जायें

हाल सब का जुदा-जुदा ही सही
किस पे हँस जायें, किस पे रो जायें

राह में आने वाली नस्लों के
ख़ैर कांटे तो हम न बो जायें

आओ इस तंगहा-ए-दुनिया की[2]
वुस्अते-बेकरां में[3] खो जायें

ज़िन्दगी क्या है इसको आज ऐ दोस्त
सोच लें और उदास हो जायें

रात आई 'फ़िराक़' दोस्त नहीं
किस से कहिये कि आओ सो जायें

---

1. वातावरण की चुप्पी में 2. संसार की संकीर्णता की 3. अथाह विशालता में

जिन की ज़िन्दगी दामन तक है बेचारे फ़रज़ाने[1] हैं
खाक़ उड़ाते फिरते हैं जो दीवाने, दीवाने हैं

वहदते-इन्सां[2] अपने को शायर से मनवा लेती है
क्या अनजाने क्या बेगाने सब जाने-पहचाने हैं

मुझ को शायर कहने वालो! मैं क्या मेरी ग़ज़लें क्या
मैंने तो बस सरकारे-इश्क़ में कुछ पर्चे गुज़राने हैं

भोले-भाले महबूबों से दांव-पेच कुछ चल न सका
हम ये समझते रहे! अभी तक हम भी कितने सयाने हैं

होशो-ख़िरद[3] क्या, जोशे-जुनूं[4] क्या, उल्टी गंगा बहती है
क्या फ़रज़ाने, कैसे सयाने, यारो! सब दीवाने हैं

जल बुझने की भी तौफ़ीक़[5] कहां, उश्शाक़[6] की क़िस्मत में
इक अनदेखी शम्ए-बज़्म के दिल वाले परवाने हैं

शायर से हमदर्दी सीखो दुनिया के ग़म खाने में
जितने ग़म हैं दुनिया भर में उस के जाने माने हैं

शहरे-निगारां[7], शहरे निगारां, कौन बताये कैसा है
पूछते हो क्या हमसे यारो! हम भी तो बेगाने हैं

बस वो इन्हीं से फ़ितरत को[8] ख़्वाबों के लिबास पहनाता है
शायर के पल्ले क्या है, गीतों के ताने-बाने हैं

---

1. बुद्धिमान 2. मानव का एकत्व 3. बुद्धिमत्ता 4. उन्माद का जोश 5. सामर्थ्य 6. आशिक़
का बहुवचन 7. प्रेयसी का शहर 8. प्रकृति को

कितने बेगाने होते हैं, ये जाने-पहचाने लोग
जाने हुए भी बक़ौल हमारे[1] अनजाने बेगाने हैं
आज से पहले कब थे वतन में बेवतनी के ये लच्छन
लोगों को ये कहते सुना है घर भी ग़ुर्बत-ख़ाने[2] हैं

कुछ नहीं खुलता किस की ज़द[3] में ये हस्ती-ए-गुरेज़ां[4] है
हम जो इतने बचे फिरते हैं किन तीरों के निशाने हैं

इस गुम कर्दा-ए-दीदा-ओ-दिल[5] को कल तक कितने जानते थे
अब तो फ़िराक़े-बेख़ुद के[6] आलम-आलम अफ़साने हैं

---

1. हमारे कथनानुसार 2. परदेश के घर 3. लक्ष्य 4. पलायनकर्ता जीवन 5. दिल और आँखों
के कारण पथभ्रष्ट हुए को 6. आत्म विसर्जित कवि 'फ़िराक़' के

दुविधा पैदा कर दे दिलों में ईमानों को दे टकराने
बात वो कह ए इश्क़ कि सुन कर सब क़ायल हों, कोई न माने
उसी दर्द से दुनिया ग़ाफ़िल, उसी दर्द का घर-घर चर्चा
एक शबे-ग़म[1] की सौ रातें, एक मुहब्बत सौ अफ़साने
हुस्न को हुस्न समझ लेना भी ऐ अहले-दिल[2], कारे-दारद[3]
तुम भी चले हो किस के आगे हँसने-हँसाने रोने-रुलाने
उस की नज़र पर हैरां-हैरां मजबूरी भी, आज़ादी भी
वही कहे जो सब के दिल में, सब की सुने और अपनी माने
दुनिया अपने रंगमहल में ख़्वाब खुशी के देख रही थी
जिसमें ख़ुशी ने आंखें खोलीं, थे वो मुहब्बत के ग़मख़ाने[4]
सामने की चीज़ें भी 'फ़िराक़' इन्सान को चौंका देती हैं
बज़्म[5] में जागता ख़्वाब ये देखा हमीं चराग़, हमीं परवाने

---

1. विरह-रात्रि 2. दिल वालों 3. कठिन कार्य 4. शोकगृह 5. महफ़िल में

ये भोली भाली दुनिया भी सयानी है क़ियामत की
कोई करता है चालाकी तो धोका खा ही जाता है

निखरता ही चला जाता है हुस्ने-आईना-परवर[1]
अज़ल से[2] दिल के सांचे में कोई ढलता ही जाता है

मुहब्बत सीधी-साधी चीज़ है पर इस को क्या कीजे
कि ये सुलझी हुई गुत्थी कोई उलझा ही जाता है

मेरे तर्के-मुहब्बत पर[3] अब इतनी भी न हैरत[4] कर
कहां तक बेहया हो आदमी शर्मा ही जाता है

यही है इर्तिक़ा[5] नादां, यही में' राजे-इन्सानी[6]
अज़ल से दर्दे-हस्ती ता अबद[7] उठता ही जाता है

वो तेरे दर्द का इन्सानियत का दर्द बन जाना
ख़ुशा[8] वो ज़ख़्म अच्छा हो के जो दुखता ही जाता है

वो मस्ते-नाज़[9] उठाता है क़दम सौ एहतियातों से[10]
लबालब जामे-मय[11] चलते हुए छलका ही जाता है

जो दस्ते ग़ैब ने[12] सुब्हे-अज़ल[13] रख दी थी सीनों में
सुख़न[14] तेरा 'फ़िराक़' उस आग को भड़का ही जाता है

---

1. आईना पालने या साफ़-सुथरा रखने वाले का सौन्दर्य 2. आदि से 3. प्रणय-त्याग पर
4. आश्चर्य 5. उन्नति, प्रगति 6. मानव-सोपान 7. अंतकाल तक 8. बहुत अच्छा
9. हाव-भाव में मस्त 10. सावधानियों में 11. शराब का प्याला 12. अदृश्य हाथों ने
13. आदिकाल की सुबह 14. कथन या कविता

अबद[1] भी अपनी परछाई अज़ल[2] भी रौशनी अपनी
मुहब्बत को कमी क्या मौत-अपनी, ज़िन्दगी अपनी

चमन की ताज़गी आईना-दारे-अश्के-शबनम[3] है
झलकती है तेरी रंगीनियों में सादगी अपनी

नसीमे-सुब्ह[4] का दामन कहीं आलूदा[5] होता है
बचा लेता है हुस्ने-नर्म-ख़ू[6], दोशीज़गी[7] अपनी

छुपाता जा रहा हूं तुझको अपनी चश्मे-हैरां से[8]
बढ़ाता जा रहा हूं फ़ुर्सते-नज़्ज़ारगी[9] अपनी

हम अहले-ग़म ने[10] कल पर टाल रक्खा रहमते-हक़ को[11]
खुले थे ख़ुल्द[12] के दर, पर तबियत ही न थी अपनी

अभी फ़ितरत से[13] होती है नुमायां[14] शाने-इन्सानी
अभी हर चीज़ में महसूस होती है कमी अपनी

---

1. अनंतकाल 2. अनादिकाल 3. ओस रूपी आँसुओं का प्रतीक 4. प्रभात समीर 5. दूषित
6. कोमल स्वभाव सौन्दर्य 7. कुँवारापन 8. चकित नेत्रों से 9. दृश्य देखने की अवधि
10. ग़म वालों ने 11. ईश्वर की अनुकम्पा को 12. जन्नत 13. प्रकृति से 14. प्रकट

राह   देख   कर   चलने   वाले
कभी-कभी   तो   मुंह   की   खाले
ज़िन्दादिली   की   तस्वीरें   हैं
मौत   के   हाथों   जीने   वाले

हुस्न   यही   है   इश्क़   यही   है
धोके   दे   ले,   धोके   खा   ले
संभले   हुओं   के   क़दम   नहीं   जमते
गिरते   हुओं   को   कौन   संभाले

वहशत[1]   भी   मानूस[2]   है   कितनी
आए   अच्छी   आंखों   वाले

नादां   काम   नहीं   ये   ख़ुशी   का
दिल   संभलेगा   ग़म   के   संभाले

रात   अंधेरी   राह   कठिन   है
दर्दे-मुहब्बत   को   चमकाले

तन्हाई   भी   करवट   लेगी
जागे   हुओं   को   नींद   तो   आले

---

1. वीरानी 2. अंतरंग

ज़र्रों को[1] सुलाये है तारों को जगाये है
कुछ धीमे सुरों में वो जब रातों को गाये है

अन्दाज़े-नज़र उस का यूं याद कब आये है
रह-रह के मगर दिल पर नश्तर सा चलाये है

हर बो' द[2] में इक क़ुर्बत[3], हर क़ुर्ब में इक दूरी
ऐ दोस्त तुझे कोई खोये है न पाये है

रोना तो कहां लेकिन फ़ुर्क़त में सरे-मिज़गां[4]
धुंधला सा कोई तारा अक्सर नज़र आये है

हस्ती के शबिस्तां में[5] ये कौन चराग़े-दिल
रह रह के जलाये है, रह रह के बुझाये है

ये दर्दे-मुहब्बत है आप अपनी दवा नादां
रोना हो कि हँसना हो, कुछ काम भी आये है

ये पर्दा-ए-साज़े-दिल ये नक़्शो-निगारे-दिल[6]
क्या-क्या न सुनाये है, क्या-क्या न दिखाये है

इक दर्द की दुनिया है वक़्त-गुज़रां[7] लेकिन
ये सुब्हे-अज़ल से[8] ही क्या क़ाफ़िला जाये है

तारों की पलक भारी है ग़म के फ़साने से
हम को भी 'फ़िराक़' अब तो कुछ नींद सी आये है

---

1. कणों को 2. दूरी 3. निकटता 4. पलकों पर 5. शयनागार में 6. मन का शृंगार 7. बीत रहा समय 8. आदि प्रभात से

वो आ भी चुका कब का वो जा भी चुका कब का
दिल है कि 'फ़िराक़' अब तक दामन को छुड़ाये है

सरक आई है ज़ुल्फ़े-ख़म-ब-ख़म[1] रू-ए-दरख़्शां पर[2]
महकती छावों से आती है छन कर रौशनी तेरी

दिखाते हैं सितारे एक बेहतर ज़िन्दगी का ख़्वाब
न देख उनकी तरफ़ वो छीन लेंगे सब खुशी तेरी

ज़मीने-रहगुज़र के ज़र्रे गहरी सांस लेते हैं
सुकूं-आसार[3] कितनी है अदा-ए-कम-रवी[4] तेरी

सितारे, लाला-ओ-गुल, बज़्मे-हस्ती[5] बे तेरे बेकैफ़[6]
हो कोई अंजुमन[7] महसूस होती है कमी तेरी

तुझी से है कहीं शोला-बादमां[8] चादरे-शबनम[9]
झलकती है कहीं रू-ए-सहर पर[10] ताज़गी तेरी

सितारे खो गये हैं रूप के संगीत में अक्सर
कहां साज़े-शबे-महताब में[11] भी नग़्मगी[12] तेरी

मेरी आग़ोश से उठ कर कभी आईना देखा है
सहर को और बढ़ जाती है कुछ दोशीज़गी[13] तेरी

शरीके-बज़्म हो कर[14] यूं उचट के बैठना तेरा
खटकती है तेरी मौजूदगी में भी कमी तेरी

---

1. पेच दर पेच केश 2. प्रकाशमान चेहरे पर 3. शान्ति की प्रतीक 4. मंद गति की अदा
5. जीवन रूपी सभा 6. फीकी 7. सभा 8. दामन में शो'ले लिये 9. ओस की चादर
10. सुबह के मुखड़े पर 11. चाँद रात के साज़ में 12. संगीत 13. युवावस्था 14. महफ़िल
में सम्मिलित होकर

हर   शिकवए-नारवा[1]   को   देखा
ऐ   इश्क़   तेरी   वफ़ा   को   देखा

इक   जल्वए-हक़्क़-नुमा[2]   को   देखा
तुम   को   देखा   ख़ुदा   को   देखा

तक़दीर   से   अब   नहीं   शिकायत
ऐ   दोस्त   तेरी   वफ़ा   को   देखा

तारों   के   कुलूब[3]   जैसे   धड़कें
रात   उस   की   अदा-अदा   को   देखा

हर   चीज़   में   शाने-नेस्ती[4]   है
हस्ती-ए-अदम-नुमा   को[5]   देखा

अल्लाह   तेरी   शमीमे-जिस्मे-गुलगूं[6]
ग़श   खाते   हुए   सबा[7]   को   देखा

महशर   की[8]   भी   राह   देख   लेंगे
तुझ   से   सब्र-आज़मा   को   देखा

तेरी   वही   सरगरानियां[9]   हैं
हमने   अपनी   वफ़ा   को   देखा

ऐ   दर्दे-फ़िराक़[10],   ऐ   ग़मे-दोस्त
इश्क़े-सब्र-आज़मा   को   देखा

हमने   भी   'फ़िराक़'   जान   दे   के
उस   नाविके-बेख़ता[11]   को   देखा

---

1. अनुचित शिकायत 2. ख़ुदा जैसा जल्वा (दर्शन) 3. क़ल्ब (हृदय) का बहुवचन
4. विनाश की शान 5. अनस्तित्व जैसे अस्तित्व को 6. गुलाबी बदन की महक 7. प्रभात समीर
8. प्रलय क्षेत्र की 9. रुष्टता में 10. वियोग की पीड़ा 11. अचूक तीर

एक आलम[1] पे बार हैं हम लोग!
किस के दिल का गुबार हैं हम लोग

सद बक्रा[2] सद फ़ना[3] की हैं तस्वीर
आलमे-इन्तिज़ार[4] हैं हम लोग

हम से शादाबियां[5] हयात[6] की हैं
चश्मे-खूं-बार[7] हैं हम लोग

हम में पिनहां[8] रुमूज़े-नशोनुमा[9]
पर्दा-दारे-बहार हैं हम लोग

हमने तोड़ी हर एक क़ैदे-हयात
कितने बेइख़्तियार हैं हम लोग

हम से फूटी शुआ-ए-सुब्हे-हयात[10]
मत्लए-रोज़गार[11] हैं हम लोग

यानी सुब्हे-अज़ल से[12] अपने लिये
इक तने-इन्तिज़ार[13] हैं हम लोग

असरे-दर्दे-ज़िन्दगी से[14] 'फ़िराक़'
बेख़ुदो बेक़रार[15] हैं हम लोग

---

1. संसार 2. सैकड़ों अस्तित्व 3. सैकड़ों अनस्तित्व 4. प्रतीक्षा की स्थिति 5. समृद्धि
6. जीवन 7. लहू बरसाने वाली आँख 8. निहित 9. विकास के रहस्य 10. जीवन-प्रभात
की किरन 11. संसार रूपी उदयस्थल 12. आदि सुबह से 13. प्रतीक्षा रूपी शरीर
14. जीवन-पीड़ा के प्रभाव से 15. आत्मविसर्जित तथा व्याकुल

दोनों वक़्त मिलते हैं कुछ हवा सी चलती है
झुटपुटा है, दुनिया की ज़िन्दगी बदलती है

पौ फटे वो रंग अपना सर-ब-सर बदलती है
देख रात की जोगन क्या भभूत मलती है

वाक़ई तेरी सूरत यूं तो कब बदलती है
फिर भी दिल के सांचे में सौ तरह से ढलती है

जैसे सुब्ह की देवी छाओं में सितारों की
यूं उम्मीद की सूरत यास[1] में निकलती है

देख नज़्मे-नौ[2] ने ली वो उफ़ुक़ पे[3] अंगड़ाई
ये ज़मीन भी जैसे करवटें बदलती है

मौत ने निखारा है आलमे-नुमू[4] मेरा
मेरी ज़िन्दगी ऐ दोस्त ज़हर खा के बदलती है

मौत का पयाम आये या हयाते-नौ[5] पाये
इस फ़सुर्दा[6] दुनिया की आज नब्ज़ चलती है

आग लग गई जिस से सोज़े-ग़म का नाविक़[7] था
अब भी इश्क़ की चुटकी देख ले कि जलती है

इक अजब मुअम्मा[8] है इश्क़ की तबियत भी
जब बहुत ही घबरा जाये तब ज़रा संभलती है

---

1. निराशा 2. नव-व्यवस्था 3. क्षितिज पर 4. विकास की स्थिति 5. नवजीवन 6. खिन्न
7. तीर 8. पहेली

सर-कशाने-आलम[1] आज दब गये ग़रीबों से
ख़ाक़ आसमानों का यूं ही सर कुचलती है

आतिशे - ग़मे - जानां[2] आतिशे-ग़मे-दौरां[3]
बुझते-बुझते बुझती है, जलते-जलते जलती है

इश्क़ को सुनते हैं होश आ चला शायद
हुस्न की तबियत अब देख कब संभलती है

एक बात थी तेरी जिस की याद फ़ुर्क़त में[4]
आते-आते आती है टलते टलते टलती है

जिस को तुझ से सुनने की उम्र भर तमन्ना थी
कह रहा तू उस को, तो वो बात खलती है

साग़रे-फ़ना[5] पी कर जी उठी है यह दुनिया
मौत के भी शीशों से[6] ज़िन्दगी उबलती है

कोई रहती दुनिया को किस तरह कहे फ़ानी
जिस के ज़र्रे-ज़र्रे में ज़िन्दगी मचलती है

इस तरह पलटता है उस निगाह का जादू
ख़ून में छुरी जैसे डूब कर उछलती है

जिस में हो खुशी का रंग जिस से बू-ए-दर्द आये
बज़्मे-नाज़ में अक्सर वो शराब ढलती है

आंख खोलना तेरा वक़्त की है बेदारी[7]
तू है जागने को यह सुब्ह आंख मलती है

हुस्न की सबाहत[8] को क्या बताइये जैसे
चांदनी मनाज़िर[9] पर पिछली रात ढलती है

---

1. संसार के अहंकारी जन 2. प्रिया के ग़म की अग्नि 3. सांसारिक ग़मों की अग्नि
4. बिछोह में 5. मृत्यु रूपी मदिरा का प्याला 6. बोतल से 7. जागृति 8. सुन्दरता 9. दृश्यों पर

ख़ून से शहीदों के उठ रही है लौ दिन रात
उस लहू की ठंडक से ये ज़मीन जलती है

मुद्दतें हुईं दिल पर वो निगाह उट्ठी थी
एक रंग से अब तक डूबती-उछलती है

नख़्ले-ग़म[1] की डाली को सींचते हैं शो'लों से
जिस क़दर ये जलती है फूलती है फलती है

ज़िन्दगी में 'मैं' और 'तू' हमसफ़र हुए कैसे
मुझ से मेरी परछाई दूर-दूर चलती है

ऐ 'फ़िराक़' क्या होगा और ज़ीस्त का आलम[2]
ज़िन्दगी की हालत पर मौत हाथ मलती है

---

1. ग़म रूपी पेड़ की 2. जीवन की स्थिति

भड़कते शो'लों से ठंडक जो दे वो आग है तू
सदा बहार है तू प्रेम का सुहाग है तू

ख़बर दिलों को नहीं जलते हैं कि बुझते हैं
अरे न आग न पानी है जो वो लाग है तू

सुकूत[1] को भी तो कानों में गूंजता पाया—
जो एक कर दे सुना-अन-सुना वो राग है तू

झलक रही है जबीं[2] कायनात[3] की तुझ से
इक अम्र[4] ग़ैब से खुल जाये जो वो भाग है तू

क़बा-ए-तंग[5] ने बीसों जगह से लौ दे दी
ज़ फ़र्क़-ता-ब-क़दम[6] इक दबी सी आग है तू

जुदा हर इक से हमआहंग[7] भी ज़माने से
क़ुबूलियत की जो तस्वीर है तो त्याग है तू

सवादे-शामे-अबद[8] जुल्फ़े-यार बस है तेरा
जो डस ले सुब्ह-क़यामत[9] को भी वो नाग है तू

मैं तुझ को देख रहा हूं कि कान बजते हैं
है कोई शोलए-लरज़ां[10] कि कोई राग है तू

कहां चमन की बहारें कहां ये रंगे-नशात[11]
जो ख़ूने-इश्क़ से खेला गया वह फाग है तू

---

1. मौन 2. माथा 3. ब्रह्माण्ड 4. विषय 5. तंगलिबास 6. सिर से पाँव तक 7. सहमत
8. अंतकाल की रात का अंधकार 9. प्रलय की सुबह 10. कँपकँपाता शो' ला 11. हर्ष
का रंग या स्थिति

बहुत दिनों में मुहब्बत को हुआ ये मालूम
लगाव नाम को जिस में नहीं वो लाग है तू

निगाह व गोश की[1] पुर-क़ैफ़ तश्नगी[2] को न पूछ
इक अध-खिली सी कली, अध-सुना सा राग है तू

'फ़िराक़' अपने दुखों को भुला के कहना था
सदा बहार है दुनिया सदा सुहाग है

---

1. नज़रों और कानों की 2. आनन्ददायक तृष्णा

तहों में दिल के जहाँ कोई वारिदात[1] हुई
हयाते-ताज़ा[2] से लबरेज़[3] कायनात[4] हुई

तुम्हीं ने बायसे-ग़म[5] बारहा किया दर्याफ़्त[6]
कहा तो रूठ गये, ये भी कोई बात हुई

हयात राज़े-सुकूं[7] पा गई अजल[8] ठहरी
अज़ल[9] में लर्ज़िशे-पिन्हा[10] हुई हयात हुई

थी एक काविशे-बेनाम[11] दिल में फ़ितरत के
सिवा हुई तो वही आदमी की ज़ात हुई

बहुत दिनों से मुहब्बत को ये हुआ मालूम
जो तेरे हिज्र में गुज़री वो रात-रात हुई

'फ़िराक़' को कभी इतना ख़मोश देखा था
ज़रूर ऐ निगहे-नाज़ कोई बात हुई

---

1. दुर्घटना 2. नवजीवन 3. परिपूर्ण 4. ब्रह्माण्ड 5. ग़म का कारण 6. खोजा 7. शान्ति का रहस्य 8. मृत्यु 9. अनादिकाल 10. निहित कम्पन 11. अनाम प्रयत्न

रंजो-राहत, वस्लो-फ़ुर्क़त, होशो-वहशत क्या नहीं
कौन कहता है कि रहने की जगह दुनिया नहीं

ले उड़ी तुझ को निगाहे-शौक़ क्या जाने कहां
तेरी सूरत पर भी अब तेरा गुमां होता नहीं

अहले-ग़म तुम को मुबारक यह फ़ना-आमादगी[1]
लेकिन ईसारे-मुहब्बत[2] जान दे देना नहीं

हुस्न सरतापा[3] तमन्ना, इश्क़ सरतापा ग़ुरूर
उस का अन्दाज़ा-नियाज़ो-नाज़ से होता नहीं

यूं भी आई है क़यामत ऐ ख़िरामे-नाज़े-पा[4]
मिट के भी दुनिया मुहब्बत की तहो बाला नहीं

मैं अदम[5] अन्दर अदम हूं मैं जहां अन्दर जहां
एक ही दुनिया हो मेरी ऐ 'फ़िराक़' ऐसा नहीं

---

1. मर मिटने की तत्परता 2. प्रेम में त्याग 3. सर से पाँव तक 4. प्रिया के पाँव की मंद गति 5. अनस्तित्व

ये जो क़ौलो-क़रार है क्या है
शक है या एतिबार है क्या है

इश्क़ की यादगार है क्या है
एक टूटा मज़ार है क्या है

किस को समझे कोई नुमूदे-बहार[1]
बर्ग[2] है, गुल है, ख़ार[3] है, क्या है

कुछ जो उठता है दिल में रह-रहकर
अब्र[4] है, या ग़ुबार है क्या है

कैफ़[5] में डूबी नर्गिसे-जादू[6]
मस्त है, होशियार है, क्या है

नीची नज़रों में कुछ तबस्सुम[7]-सा
शोख़ है, शर्मसार है क्या है

ज़ेरे-लब[8] इक झलक तबस्सुम की
बर्क़[9] है या शरार[10] है क्या है

कोई दिल का मुक़ाम[11] समझाओ
घर है या रहगुज़ार है क्या है

फूल है या चराग़ है कोई
ये रू-ए-निगार[12] है क्या है

---

1. वसन्त का आविर्भाव 2. पत्ता 3. काँटा 4. बादल 5. आनन्द 6. जादू भरी आँख
7. मुस्कान 8. होंठों ही होंठों में 9. बिजली 10. चिंगारी 11. स्थान 12. सुन्दरी
का चेहरा

इश्क़ मजबूर मालिके-तक़दीर
जब्र इख़्तियार है क्या है

बादा-ए-ज़िन्दगी से[1] आलम[2] को
नशा है या ख़ुमार है क्या है

आबो-आतिश[3] से ये ख़मीरे-चमन[4]
है ख़िज़ां या बहार है क्या है

तरो-सोज़ां[5] हैं जिस से ये पलकें
अश्क[6] है या शरार[7] है क्या है

जिस से सीना है ख़ार-ख़ार[8] अपना
इक गुले-नौबहार है क्या है

ज़िन्दगी का रुका रुका वक़्फ़ा[9]
बस तेरा इन्तिज़ार है क्या है

ये ज़मानो-मकां[10] की सद्-चाकी[11]
दामने - तार-तार है क्या है

पिछले[12] को ये फ़ज़ा की महवीयत[13]
कोई शब ज़िन्दादार है क्या है

गर्दिशे-मेहरो - माह[14] दौरे हयात
एक रक़्से - शरार[15] है क्या है

ज़िन्दगी जिस को इक ज़माना हुआ
आज तक बेक़रार है, क्या है

---

1. जीवन रूपी मदिरा से 2. संसार 3. आग-पानी 4. सिंचा हुआ बाग़ 5. सजल तथा जल रही 6. आँसू 7. चिंगारी 8. काँटा-काँटा 9. विराम 10. समय और स्थान 11. बुरी तरह फाड़ना 12. रात के पिछले पहर 13. तल्लीनता 14. चाँद-सूरज के चक्र 15. चिंगारी का नृत्य

खुला ये कि सामना तेरा
दीद[1] है, इन्तिज़ार है क्या है

जिस को कहते हैं लोग शे'रे-'फ़िराक़'
'मीर'[2] ही का शआर[3] है क्या है

---

1. दर्शन 2. प्रसिद्ध प्राचीन शायर। 'मीर' तक़ी मीर, जो सरल भाषा में बड़ी गूढ़ बातें कहते थे 3. रंग-ढंग

टाला है जो हूं हां कर के उन्हें, समझें न कि मैं नाशुक्रा हूं
अहबाब का[1] समझाना बरहक़[2] ख़ुद अपने ग़म को समझाता हूं

जो हँसने खेलने में भी मेरे हसरत से झलक जाती है ज़रा
उस रंगा रंग ज़िन्दगी में, मैं कोई कमी सी पाता हूं

उफ़्तादा-ए-इश्क़ के[3] मारों से इतना भी कहां करता है कोई
उस पुर्सिशे-ग़म के[4] सदक़े जिस हाल में भी हूं अच्छा हूं

तासीर[5] से सोज़े-निहानी[6] के ख़तो-ख़ाल[7] दमकते जाते हैं
ये राज़ आईने से पिन्हां[8] है मैं पर्दा-ए-ग़म में संवरता हूं

रहती दुनिया की हर एक झलक कुछ मुझ से इशारे करती है
ख़ुद मुझ पर भी ये नहीं खुलता मैं किन आंखों का मारा हूं

इक बार ख़ुदा भी इन्हें देखे तो दर्द से वो भी चीख़ उठे
इन्सान के जो जुल्म इन्सां पे हैं मैं देख के चुप हो रहता हूं

जो ये तारीक़[9] शबे-हस्ती[10] इक लम्हे को रौशन कर जाये
कहता है सरश्के-ग़म[11] मुझ से मैं वो टूटा हुआ तारा हूं

इक नीम[12] इशारा, नीम अदा मेरी बेख़बरी की भी तरफ़
ऐ नर्गिसे-राना[13] कुछ तो बता मैं किस आलम[14] में रहता हूं

---

1. मित्रों का 2. उचित 3. इश्क़ की मुसीबतों के 4. ग़म के प्रति सहानुभूति जताने के
5. प्रभाव 6. भीतरी तपन 7. नैन-नक़्श 8. छिपा हुआ 9. अँधेरी 10. जीवन की रात
11. ग़म के मारे आँख से टपका हुआ आँसू 12. हल्का 13. सुन्दर आँख 14. स्थिति

ऐ मौजे-नसीम[1] मुझी से है पंखुड़ियों की रग-रग में ख़लिश[2]
मैं फ़स्ले-बहारी[3] के दिल में कांटा-सा खटकता रहता हूं

ऐ जाने-जहाने-नाज़ो-नाम[4] मैं हूं इस पैकरे-रंजो-अलम[5]
इक चश्मे-करम[6] इक पुर्सिशे-ग़म, किन उमीदों से आया हूं

लोगों की समझ में आ न सका कुछ तुझ को भी है ताअज्जुब सा
सुन मेरी उदासी का कारन ऐ हमदम[7] बहुत अकेला हूं

अपना हो 'फ़िराक़' कि औरों का कुछ बात ही ऐसी आन पड़ी
मैं आज ग़ज़ल के पर्दे में दुख दर्द सुनाने बैठा हूं

---

1. शीतल मंद समीर का झोंका 2. खटक 3. वसन्त ऋतु 4. नाज़-नज़ाकत के संसार की आत्मा (प्रेयसी) 5. साकार हुआ दु:ख 6. कृपा दृष्टि 7. साथी

आंखों में जो बात हो गई है
इक शर्हें-हयात[1] हो गई है

जब दिल की वफ़ात[2] हो गई है
हर चीज़ की रात हो गई है

ग़म से छूटकर ये ग़म है मुझको
क्यों ग़म से नजात[3] हो गई है

मुद्दत से ख़बर मिली न दिल की
शायद कोई बात हो गई है

जिस शै पे नज़र पड़ी है तेरी
तस्वीरे - हयात[4] हो गई है

अब हो मुझे देखिए कहां सुब्ह
इन जुल्फ़ों में रात हो गई है

दिल में थी तुझसे जो शिकायत
अब ग़म के निकात[5] गई है

इक़रारे - गुनाहे - इश्क़[6] सुन लो
मुझ से इक बात हो गई है

जो चीज़ भी मुझ को हाथ आई
तेरी सौग़ात हो गई है

क्या जानिये मौत पहले क्या थी
अब मेरी हयात हो गई है

---

1. जीवन की व्याख्या 2. मृत्यु 3. मुक्ति 4. जीवन का चित्र 5. मर्म, तह की बात 6. इश्क़ रूपी पाप की स्वीकृति

घटते घटते तेरी इनायत
मेरी औक़ात[1] हो गई है

उस चश्मे-सियह की[2] याद अक्सर
शामे-ज़ुल्मात[3] हो गई है

इस दौर में ज़िन्दगी बशर[4] की
बीमार की रात हो गई है

जीती हुई बाज़ी-ए-मुहब्बत
खेला हूं तो मात हो गई है

मिटने लगीं ज़िन्दगी की क़द्रें[5]
जब ग़म से नजात[6] हो गई है

वो चाहें तो वक़्त भी बदल जाये
जब आये हैं रात हो गई है

दुनिया है कितनी बेठिकाना
आशिक़ की बरात हो गई है

पहले वो निगाह इक किरन थी
अब बर्क़े-सिफ़ात[7] हो गई है

जिस चीज़ को छू दिया है तूने
इक बर्गे-नबात[8] हो गई है

इक्का-दुक्का सदा-ए-ज़ंजीर[9]
ज़िन्दां[10] में रात हो गई है

एक-एक सिफ़त[11] 'फ़िराक़' उसकी
देखा है तो ज़ात हो गई है

---

1. सामर्थ्य 2. काली आँखों की 3. अँधेरी रात 4. मनुष्य 5. मूल्य 6. मुक्ति 7. बिजली जैसी 8. हरी शाखा की पत्ती 9. ज़ंजीर की आवाज़ 10. कारागार 11. विशेषता

रात भी, नींद भी, कहानी भी
हाय क्या चीज़ है जवानी भी

एक पैग़ामे - ज़िन्दगानी भी
आशिक़ी मर्गे - नागहानी[1] भी

इस अदा का तेरी जवाब नहीं
मेहरबानी भी सरगरानी[2] भी

दिल को अपने भी ग़म थे दुनिया में
कुछ बलायें थीं, आसमानी भी

मनसबे-दिल[3] ख़ुशी लुटाता है
ग़मे-पिन्हाँ[4] की पासबानी भी

दिल को शो'लों से करती है सैराब[5]
ज़िन्दगी आग भी है पानी भी

शाद-कामों को[6] ये नहीं तौफ़ीक़[7]
दिले-ग़मगीं[8] की शादमानी भी

लाख हुस्ने-यक़ीं से[9] बढ़ कर है
इन निगाहों की बदगुमानी भी

तंगना-ए-दिले-मलूल में[10] है
बहरे-हस्ती[11] की बेकरानी[12] भी

---

1. अकाल मृत्यु 2. रुष्टता 3. दिल का रुतबा 4. निहित ग़म 5. खींचती है 6. भाग्यवानों को 7. सामर्थ्य 8. ग़मग़ीन दिल 9. पूर्ण विश्वास से 10. उदास मन की अल्प सीमा में 11. जीवन-सागर 12. अथाहपन

इश्क़े-नाकाम की है परछाईं
शादमानी भी, कामरानी[1] भी

देख दिल के निगार-ख़ाने में[2]
ज़ख़्मे-पिन्हाँ[3] की है निशानी भी

ख़ल्क़[4] क्या क्या मुझे नहीं कहती
कुछ सुनूं मैं तेरी ज़बानी भी

आए तारीख़े-इश्क़ में[5] सौ बार
मौत के दौर-दर्मियानी[6] भी

अपनी मासूमियों के पर्दे में
हो गई वो नज़र सयानी भी

दिन को सूरजमुखी है वो नौगुल[7]
रात को है वो रातरानी भी

दिले-बदनाम तेरे बारे में
लोग कहते हैं इक कहानी भी

नज़्म[8] करते कोई नई दुनिया
कि ये दुनिया हुई पुरानी भी

दिल को आदाबे-बन्दगी भी न आये
कर गये लोग हुक्मरानी भी

जौरे-कम कम[9] का शुक्रिया बस है
आपकी इतनी मेहरबानी भी

दिल में एक हूक भी उठे ऐ दोस्त
याद आई तेरी जवानी भी

---

1. सफलता 2. रंगशाला 3. निहित घाव 4. दुनिया 5. प्रणय-इतिहास में 6. बीच के काल
7. नया फूल 8. व्यवस्थापित 9. कम अत्याचार

सर से पा[1] तक सपुर्दगी[2] की अदा
एक अन्दाज़े – तुर्कमानी[3] भी

पास रहना किसी का रात की रात
मेहमानी भी, मेज़बानी भी

जो न अक्से-जबीने-नाज़[4] कि है
दिल में एक नूरे-कहकशानी[5] भी

ज़िन्दगी ऐन[6] दीदे-यार[7] 'फ़िराक़'
ज़िन्दगी हिज्र[8] की कहानी भी

---

1. पाँव 2. समर्पण 3. विद्रोही अन्दाज़ 4. प्रेमिका के माथे का प्रतिबिम्ब 5. आकाशगंगा का प्रकाश 6. बिलकुल 7. प्रिया के दर्शन 8. विरह

एक शबे-ग़म[1] वो भी थी, जिसमें जी भर आए तो अश्क[2] बहायें
एक शबे-ग़म ये भी है, जिसमें ऐ दिल रो-रो के सो जायें

जाने वाला घर जायेगा काश ये पहले सोचा होता
हम तो मुन्तज़िर[3] इसके थे बस कब मिलने की घड़ियां आयें

अलग-अलग बहती रहती है, हर इन्सां की जीवन-धारा
देख मिलें कब आज के बिछड़े ले लूं बढ़कर तेरी बलायें

सुनते हैं कुछ रो लेने से जी हलका हो जाता है
शायद थोड़ी देर बरस कर छट जायें कुछ ग़म की घटायें

अपने दिल से ग़ाफ़िल रहना अहले-इश्क़ का[4] काम नहीं
हुस्न भी है जिस की परछाईं आज वो मन की जोत जगायें

सब को अपने-अपने दुख हैं, सब को अपनी-अपनी पड़ी है
ऐ दिले-ग़मगीं[5] तेरी कहानी कौन सुनेगा किस को सुनायें

जिस्मे-नाज़नीं में[6] सर-ता-पा[7] नर्म लवें लहराई हुई सी
तेरे आते ही बज़्मे-नाज़ में[8] जैसे कई शम'एं जल जायें

हां हां तुझ को देख रहा हूं क्या जल्वा है क्या पर्दा है
दिल दे नज़्ज़ारे की गवाही और ये आंखें क़स्में खायें

लफ़्ज़ों में चेहरे नज़र आयें चश्मे-बीना की[9] है शर्त
कई ज़ावियों से[10] ख़ल्क़त को[11] शे'र मेरे आईना दिखायें

---

1. दुःख या विरह की रात 2. आँसू 3. प्रतीक्षक 4. प्रेमी जनों का 5. दुःखित मन
6. सुन्दरी के वचन में 7. सिर से पाँव तक 8. माशूक़ की महफ़िल में 9. अनुभवी आँखों की
10. कोणों से 11. जनसाधारण को

मुझ को गुनाहो-सवाब से मतलब, लेकिन इश्क़ में अकसर आये
वो लम्हे खुद मेरी हस्ती जैसे मुझे देती हो दुआयें
छोड़ वफ़ा-ओ-वफ़ा की बहसें अपने को पहचान ऐ इश्क़!
ग़ौर से देख तो सब धोका है, कैसी वफ़ायें, कैसी जफ़ायें
हुस्न इक बे बींधा हुआ मोती या इक बे सूंघा हुआ फूल
होश फ़रिश्तों के भी उड़ा दें, तेरी ये दोशीज़ा[1] अदायें
बातें उस की याद आती हैं लेकिन हम पर ये नहीं खुलता
किन बातों पर अश्क[2] बहायें, किन बातों से जी बहलायें
साक़ी अपना ग़मख़ाना भी, मयख़ाना बन जाता है
मस्ते-मए-ग़म[3] होकर जब हम आंखों के साग़र छलकायें
अहले मसाफ़त[4] एक रात का ये भी साथ ग़नीमत है
कूच करो तो सदा[5] दे देना हम न कहीं सोते रहे जायें
होश में कैसे रह सकता हूं आख़िर शायरे-फ़ितरत[6] हूं
सुब्ह के सतरंगे झुरमुट से जब वो उंगलियां मुझे बुलायें
एक ग़ज़ाले-रम ख़ुर्दा का[7] मुंह फेरे ऐसे में गुज़रना
जब महकी हुई ठंडी हवायें दिन डूबे आंखें झपकायें
देंगे सुबूते-आला-ज़र्फ़ी[8] हम मयकश सरे-मयख़ाना[9]
साक़ी चश्मे-सियाह की[10] बातें ज़हर भी हों तो हम पी जायें
मौज़ूं कर के[11] सस्ते जज़्बे मंडी-मंडी बेच रहे हैं
हम भी खरीदें जो ये सुख़नवर[12] इक दिन ऐसी ग़ज़ल कहलायें
रात चली है जोगन होकर बाल संवारे लट छिटकाये
छुपे 'फ़िराक़' गगन पर तारे, दीप बुझे हम भी सो जायें

---

1. यौवन भरी 2. आँसू 3. ग़म रूपी मदिरा द्वारा मस्त 4. सहयात्री 5. आवाज़ 6. प्रकृति का कवि 7. नाज़ों भरी चाल चलते हुए हिरन (सुन्दरी) का 8. बड़प्पन का प्रमाण 9. मधुशाला में 10. काले नयनों की 11. कविता में ढालकर 12. कवि

वो आंख ज़बान हो गई है
हर बज़्म[1] की जान हो गई है

आंखें पड़ती हैं मयकदों की[2]
वो आंख जवान हो गई है

आईना दिखा दिया ये किसने
दुनिया हैरान हो गई है

उस नर्गिसे-नाज़ में[3] थी जो बात
शायर की ज़बान हो गई है

अब तो तेरी हर निगाहे-काफ़िर
ईमान की जान हो गई है

तरग़ीबे - गुनाह[4] लम्हा - लम्हा
अब रात जवान हो गई है

तौफ़ीक़े - नज़र[5] से मुशिकले - ज़ीस्त[6]
कितनी आसान हो गई है

तस्वीरे-बशर[7] है नक़्शे-आफ़ाक़[8]
फ़ितरत[9] इन्सान हो गई है

पहले वो निगाह इक किरन थी
अब इक जहान हो गई है

---

1. महफ़िल 2. मधुशालाओं की 3. नाज़ों-भरी आँख में 4. पाप के लिए उकसाना
5. दृष्टि की सामर्थ्य 6. जीवन की कठिनाई 7. मानव-चित्र 8. सृष्टि का चित्र या प्रतीक
9. प्रकृति

ऐ मौत बशर की ज़िन्दगी आज
तेरा एहसान हो गई है

कुछ अब तो अमान[1] हो कि दुनिया
कितनी हलकान हो गई है

ये किस की पड़ीं ग़लत निगाहें
हस्ती बोहतान[2] हो गई है

इन्सान को खरीदता है इन्सां
दुनिया भी दुकान हो गई है

अक्सर शबे-हिज्र[3] दोस्त की याद
तन्हाई की जान हो गई है

शिरकत[4] तेरी बज़्मे-क़िस्सा गो में[5]
अफ़साने की जान हो गई है

जो आज मेरी ज़बान हो गई है
दुनिया की ज़बान हो गई है

इक सानिहा-ए-जहां[6] है वो आंख
जिस दिन से जवान हो गई है

रानाई-ए-क़ामते-दिल-आरा[7]
मेरा अरमान हो गई है

दिल में इक वारिदाते-पिन्हां[8]
बे सानो-गुमान[9] हो गई है

सुनता हूं क़ज़ा-ए-क़हरमां[10] भी
अब तो रहमान[11] हो गई है

---

1. शान्ति 2. मिथ्या आरोप 3. विरह की रात 4. भाग लेना 5. कहानी सुनाने वाले की महफ़िल में 6. संसार की दुर्घटना 7. प्रिया के बदन की सुन्दरता 8. निहित घटना 9. बिना कल्पना तक किये 10. भयंकर प्रकोप 11. कृपालु

वाइज़[1] मुझे क्या ख़ुदा से
दुनिया मेरा ईमान हो गई है

मेरी तो ये कायनाते-ग़म[2] भी
जनो – ईमान हो गई है

मेरी हर बात आदमी की
अज़मत[3] का निशान हो गई है

यादे – अय्यामे – आशिक़ी[4] जब
अबदीयत[5] इक आन[6] हो गई है

जो शोख़ नज़र थी दुश्मने-जां
वो जान की जान हो गई है

हर बैत 'फ़िराक़' इस ग़ज़ल की
अबरू की[7] कमान हो गई है

---

1. धर्मोपदेशक 2. ग़म रूपी पूँजी 3. महानता 4. प्रेमकाल की स्मृति 5. अनंतकाल 6. क्षण
7. भौं की

ज़मीं बदली, फ़लक[1] बदला, मज़ाके-ज़िन्दग़ी[2] बदला
तमद्दुन[3] के क़दीम अक़दार[4] बदले आदमी बदला

ख़ुदा-ओ-अहरमन[5] बदले वो ईमाने-दुई[6] बदला
हुदूदे-ख़ैरो-शर[7] बदले मज़ाके-काफ़िरी[8] बदला

नये इन्सान का जब दौरे-खुद-ना-आगही[9] बदला
रुमूज़े-बेख़ुदी[10] बदले तक़ाज़ा-ए-ख़ुदी[11] बदला

बदलते जा रहे हैं हम भी दुनिया को बदलने में
नहीं बदली अभी दुनिया, तो दुनिया को अभी बदला

नई मंज़िल के मीरे-कारवां[12] भी और होते हैं
पुराने ख़िज़्रे-रह[13] बदले वो तर्ज़े-रहबरी बदला

कभी सोचा भी है ऐ नज़्मे-कोहना के ख़ुदावन्दो[14]
तुम्हारा हश्र[15] क्या होगा जो ये आलम कभी बदला

इधर पिछले से[16] अहले-मालो-ज़र पर रात भारी है
उधर बेदारी-ए-जमहूर का[17] अन्दाज़ भी बदला

ज़हे - सोज़े - ग़मे - आदम[18] ख़ुशा-साज़े-दिले-आदम[19]
उसी इक शम्अ की लौ ने जहाने-तीरगी[20] बदला

---

1. आकाश 2. जीवन-अभिरुचि 3. संस्कृति 4. पुराने मूल्य 5. ख़ुदा और शैतान
6. दुई-धर्म 7. शुभ-अशुभ की सीमायें 8. अनास्था की अभिरुचि 9. स्वयं को न पहचानने
का काल 10. आत्मविसर्जन के ढंग 11. आत्म-सम्मान की माँग 12. कारवाँ के मुखिया
13. पथप्रदर्शक, पुरातन मार्ग, पुरानी व्यवस्था 14. स्वामियों 15. परिणाम 16. पिछले पहर से
17. जन-जागरण का 18. मानव-दुःख की तपन की कृपा 19. वाह-वाह मानव मन का
साज़ 20. अँधेरों का संसार

नये मनसूर[1] हैं सदियों पुराने शैख़ो-क़ाज़ी हैं
न फ़तवे[2] कुफ़्र के बदले न उज़्रे-दार[3] ही बदला

बतायें तो बतायें उसको तेरी शोख़ी-ए-पिन्हां[4]
तेरी चश्मे-तवज्जह[5] है कि तर्ज़े-बेरुख़ी[6] बदला

ब, फ़ैज़े-आदमे-ख़ाकी[7], ज़मीं सोना उगलती है
इसी ज़र्रे न दौरे महरो-माहो-मुशतरी[8] बदला

सितारे जागते हैं रात लट छटकाये सोती है
दबे पांवों ये किसने आके ख़्वाबे-ज़िन्दगी बदला

'फ़िराक़'-हमनवा-ए-मीरो-ग़ालिब[9], अब नये नग़्मे
वो बज़्मे-ज़िन्दगी बदली, वो रंगे शायरी बदला

---

1. एक प्रसिद्ध सूफी जिसे फाँसी दे दी गयी थी 2. धर्मदेश 3. फाँसी का कारण 4. निहित चंचलता 5. ध्यान देने वाली आँख 6. विमुखता का ढंग 7. माटी के बने मनुष्य की कृपा से 8. चाँद, सूरज और सितारों का चक्र 9. 'मीर' और 'ग़ालिब' का सहभाषी 'फ़िराक़'

ये सबाहत की[1] जौ[2] महचकां[3]-महचकां
ये पसीने की रौ कहकशां[4]-कहकशां

इश्क़ था एक दिन दास्तां-दास्तां
आज क्यों है वही बे ज़बां-बे-ज़बां

दिल को पाया नहीं मंज़िलों-मंज़िलों
हम पुकार आये हैं कारवां-कारवां

इश्क़ भी शादमां[5] शादमां इन दिनों
हुस्न भी इन दिनों मेहरबां-मेहरबां

है तेरा हुस्न दिलकश, सरापा[6] सवाल
है तेरी हर अदा चीस्तां[7]-चोस्तां

दम-ब-दम शबनमो-शो'ला की ये लवें
सर से पा तक बदन गुलसितां-गुलसितां

बैठना नाज़ से अंजुमन – अंजुमन
देखना नाज़ से दास्तां – दास्तां

महकी-महकी फ़ज़ा ख़ुशबु-ए-ज़ुल्फ़ से
पंखुड़ी होंठ की गुलफ़शां[8]-गुलफ़शां

जिस के साये में इक ज़िन्दगी कट गई
उम्र ज़ुल्फ़े-रसा[9] जाविदां[10] -जाविदां

---

1. चमकीले चेहरे की 2. चमक 3. चन्द्रमा का प्रकाश 4. आकाश गंगा 5. प्रसन्न 6. साक्षात
7. पहेली 8. फुलझड़ी 9. लम्बे केश 10. अविनाशी

ले उड़ी है मुझे बू-ए-जुल्फ़े-सियह

ये खुली चांदनी बोस्तां[1]-बोस्तां

जिस तरफ़ जाइये मतला-ए-नूर[2] नूर

जिस तरफ़ जाइये महवशां – महवशां[3]

बू ज़मीं से मुझे आ रही है तेरी

तुझ को क्यों ढूंढिये आस्मां – आस्मां

सच बता मुझको क्या यूं ही कट जायेगी

ज़िन्दगी इश्क़ की रायगां[4] – रायगां

रूप की चांदनी सोज़े-दिल[5]-सोज़े-दिल

मौजे – गंगो – जमन[6] साज़े-जां – साज़े[7]-जां

अहदो-पैमा[8] कोई हुस्न भी क्या करे

इश्क़ भी तो है कुछ बदगुमां-बदगुमां

जैसे कौनैन के[9] दिल पे हो बोझ सा

इश्क़ से हुस्न है सरगरां-सरगरां[10]

क्यों फज़ाओं[11] की आंखों में थे अश्क[12] से

वो सिधारे हैं जब शादमां-शादमां[13]

लब पै आई न वो बात ही हमनशीं[14]

आये क्या क्या सुख़न[15] दर्मियां-दर्मियां

ढूंढते – ढूंढते ढूंढ लेंगे तुझे

गो निशां है तेरा बे-निशां-बे-निशां

मेरे दारुल-अमां[16] ऐ हरीमे-निगार[17]

हम फिरें क्या यूं बे-अमां-बे-अमां[18]

---

1. बाग़ 2. प्रकाश का उदय-स्थल 3. चमकते चाँद (सुन्दरियाँ) 4. व्यर्थ 5. दिल का दर्द
6. गंगा-यमुना की लहर 7. बदन का संगीत 8. वायदे 9. दोनों लोकों के 10. रुष्ट-रुष्ट
11. वातावरण 12. आँसू 13. प्रसन्न-प्रसन्न 14. साथी 15. बातें 16. आश्रय, पनाहगाह
17. प्रेयसी का अंत:पुर 18. निराश्रय

यूं घुलेगा घुलेगा तेरे इश्क़ में
रह गया इश्क़ अब इस्तुख़ां-इस्तुख़ां[1]

हम को सुनना बहरहाल तेरी खबर
माजरा - माजरा, दास्तां - दास्तां

उसके तेवर पे कुर्बान लुत्फ़ो-करम[2]
मेहरबां - मेहरबां क़हरमां - क़हरमां[3]

जी में आता है तुझको पुकारा करूं
रहगुज़र - रहगुज़र, आस्तां - आस्तां[4]

याद आने लगीं फिर अदायें तेरी
दिलनशीं-दिलनशीं, जांसितां - जांसितां[5]

क्यों तेरे ग़म की चिंगारियां हो गई
सोज़े-दिल-सोज़े-दिल, सोज़े-जां-सोज़े-जां

साथ है रात की रात वो रश्के-मह[6]
मेज़बां - मेज़बां, मेहमां - मेहमां

इश्क़ की ज़िन्दगी भी ग़रज़ कट गई
ग़मज़दा - ग़मज़दा[7] शादमां - शादमां[8]

अब पड़े, अब पड़े उसके माथे पे बल
अलहज़र-अलहज़र[9] अलअमां-अलअमां[10]

कैफ़ो-मस्ती[11] हैंइम्कां-दर-इम्कां[12] 'फ़िराक़'
चांदनी है अभी नौजवां - नौजवां

---

1. हड्डियों का ढाँचा 2. कृपायें 3. प्रकोप ढाने वाला 4. घर-घर 5. घातक-घातक
6. चाँद ईर्ष्या करता है (प्रेयसी) 7. दु:खित-दु:खित 8. प्रसन्न-प्रसन्न 9-10. ख़ुदा की पनाह
11. आनन्द और मस्ती 12. सम्भावना दर सम्भावना

ये तो नहीं कि ग़म नहीं
हां मेरी आंख नम[1] नहीं

तुम भी तो तुम नहीं हो आज
हम भी तो आज हम नहीं

नश्शा सँभाले है मुझे
बहके हुए क़दम नहीं

क़ादिरे-दो-जहां[2] है, गो
इश्क़ के दम में दम नहीं

मौत अगरचे मौत है
मौत से ज़ीस्त[3] कम नहीं

किस ने कहा ये तुम से ख़िज़्र[4]
आबे-हयात[5] सम[6] नहीं

कहते हो दह्र[7] को भरम
मुझको तो ये भरम नहीं

अब न ख़ुशी की है ख़ुशी
ग़म भी अब तो ग़म नहीं

मेरी निशस्त[8] है ज़मीं
ख़ुल्द[9] नहीं, इरम[10] नहीं

---

1. सजल 2. दोनों लोकों के अधिकारी 3. जीवन 4. एक दीर्घायु पैग़म्बर 5. अमृत 6. विष
7. संसार 8. बैठने का स्थान 9-10. स्वर्ग

और ही है मक़्क़ामे - दिल[1]

दैर[2] नहीं, हरम[3] नहीं

क़ीमते - हुस्न दो जहां

कोई बड़ी रक़्म नहीं

अहदे - वफ़ा[4] है हुस्ने - यार

क़ौल[5] नहीं क़सम नहीं

लेते हैं मोल दो जहां

दाम नहीं दरम[6] नहीं

सोमो - सलात से[7] 'फ़िराक़'

मेरे गुनाह कम नहीं

लुत्फ़[8] नहीं करम[9] नहीं

जौर[10] नहीं सितम[11] नहीं

अब नहीं रू - ए - महचकां[12]

गेसू - ए - ख़म - ब - ख़म[13] नहीं

बर - सरे - आलमे - वुजूद[14]

कौन-सी शै अदम[15] नहीं

यूं ही निकल गई इक आह

रंज नहीं अलम नहीं

क्या मेरी ज़िन्दगी तेरी

भूली हुई क़सम नहीं

क़ाइले - हुस्ने - दिल - फ़रेब[16]

आप नहीं कि हम नहीं

---

1. दिल का निवास-स्थान 2. मन्दिर 3. मस्जिद 4. प्रेम-प्रतिज्ञा 5. वचन 6. सिक्का, पैसा
7. रोज़े-नमाज़ से 8-9. कृपा 10-11. अत्याचार 12. चाँद जैसा मुखड़ा 13. पेचदार केश
14. अस्तित्व के संसार में 15. अनस्तित्व 16. मनमोहक सौन्दर्य से सहमत

मैं तेरा मोरिदे-इताब[1]
इस से बड़ा करम[2] नहीं

किस के लिये ग़ज़ल कहें
ऐसा कोई सनम[3] नहीं

कब सरे - साज़े - कायनात[4]
आलमे - ज़ीरो - बम[5] नहीं

कब कोई आहू-ए-जमील[6]
माइले - अज़्मे - रम[7] नहीं

मज़्हरे - दो जहां[8] हूं मैं
इश्क़ हूं जामे-जम[9] नहीं

रक़्से - शरर से[10] देर-पा[11]
ज़िन्दगी - ए - उमम[12] नहीं

हां कोई और ही क़सम
खाई हुई क़सम नहीं

आज बहुत उदास हूं
यों कोई ख़ास ग़म नहीं

हाय ये बेख़ुदी - ए - ग़म[13]
आए जो वो तो हम नहीं

'ग़ालिब'-ओ 'मीर-ओ-'मुसहफ़ी'[14]
हम भी 'फ़िराक़' कम नहीं

---

1. कोप-भाजन 2. कृपा 3. माशूक 4. ब्रह्माण्ड रूपी साज़ पर 5. उतार-चढ़ाव 6. सुन्दर हिरन 7. भागने के संकल्प की ओर प्रवृत्त 8. दोनों लोकों का द्योतक 9. प्राचीन बादशाह जमशेद का प्याला, जिसमें संसार की घटनायें दिख जाती थीं 10 चिंगारी के नृत्य से 11. देर तक बने रहने वाला 12. जन-जीवन 13. ग़म के कारण आत्मविसर्जन 14. उर्दू के प्रसिद्ध शायर ग़ालिब, मीर और मुसहफ़ी

सितारों से उलझता जा रहा हूं
शबे-फ़ुर्क़त[1] बहुत घबरा रहा हूं
तेरे ग़म को भी कुछ बहला रहा हूं
जहां को भी समझता जा रहा हूं
यक़ीं[2] ये है हक़ीक़त[3] खुल रही है
गुमां[4] ये है कि धोके खा रहा हूं
अगर मुमकिन हो ले लें अपनी आहट
ख़बर दो हुस्न को मैं आ रहा हूं
हदें हुस्नो-मुहब्बत की मिलाकर
क़ियामत[5] पर क़ियामत ढा रहा हूं
ख़बर है तुझ को ऐ ज़ब्ते-मुहब्बत
तेरे हाथों मैं लुटता जा रहा हूं
असर भी ले रहा हूं तेरी चुप का
तुझे क़ाइल[6] भी करता जा रहा हूं
भरम तेरे सितम का खुल चुका है
मैं तुझ से आज क्यों शर्मा रहा हूं
इन्हीं में राज़ हैं गुल बारियों के[7]
मैं जो चिंगारियां बरसा रहा हूं

---

1. विरह की रात 2. विश्वास 3. वास्तविकता 4. भ्रम 5. प्रलय, अत्याचार 6. निरुत्तर
7. पुष्प-वर्षा के

जो उन मासूम आंखों ने दिये थे
वो धोके आज तक मैं खा रहा हूं

तेरे पहलू में क्यों होता है महसूस
कि तुझ से दूर होता जा रहा हूं

हदे-जौरो-करम से[1] बढ़ चला हुस्न
निगाहे-यार को याद आ रहा हूं

जो उलझी थी कभी आदम[2] के हाथों
वो गुत्थी आज तक सुलझा रहा हूं

मुहब्बत अब मुहब्बत हो चली है
तुझे कुछ भूलता-सा जा रहा हूं

अजल[3] भी जिन को सुन कर झूमती है
वह नग़मे ज़िन्दगी के गा रहा हूं

ये सन्नाटा है मेरे पांव की चाप
'फ़िराक़' अपनी कुछ आहट पा रहा हूं

---

1. अत्याचार तथा कृपा की सीमा से 2. आदिमानव 3. मृत्यु

दौरे-अफ़लाक का[1] शबाब[2] है तू
आफ़ताबों का आफ़ताब[3] है तू

ठहरी-ठहरी सी मौजे-बर्क़-ए-जमाल[4]
छलकी-छलकी शराबे-नाब[5] है तू

जिस की रातें तिलिस्मे-ख़्वाबे-ह्यात[6]
उसी वादी का माहताब[7] है तू

जिन में है ज़िक्रे-तूरो-युसूफ़ो-हश्र[8]
उन्हीं आयात[9] का जवाब है तू

रूप ऐसा हसीन जैसे गुनाह
ख़ल्क़ का[10] हासिले-सवाब[11] है तू

जी छलकता भी जाए भरता भी जाए
ऐसा पैमाना - ए - शराब है तू

नर्म झंकार साज़े-क़ामत की[12]
इक खनकता हुआ रबाब है तू

जो बहारों के दिल से उठते हैं
उन्हीं शो'लों का पेचो-ताब[13] है तू

---

1. काल-चक्र का 2. यौवन 3. सूर्यों का सूर्य 4. सुन्दरता रूपी बिजली की लहर 5. ख़ालिस मदिरा 6. जीवन रूपी निद्रा का जादू 7. चाँद 8. तूर नामक पहाड़ पर हज़रत मूसा को ज्ञान-प्राप्ति का उल्लेख, हज़रत यूसुफ़ का क़ुरआन में उल्लेख तथा महाप्रलय का उल्लेख 9. क़ुरआन-वाक्य 10. जन-साधारण का 11. पुण्य-प्राप्ति 12. शरीर के संगीत की 13. बल

हैं   इबारत[1]   तुझी   से   रंजो-नशात[2]
सितमो – लुत्फ़[3]   बे-हिसाब   है   तू

तूर-सामां[4]   लजाने   के   अन्दाज़
रश्के-जल्वा[5]   है   वो   हिजाब[6]   है   तू

चमन   अन्दर   चमन   है   पहलू-ए-नाज़
किस   खिले   बाग़   का   गुलाब   है   तू

ये   सितारे   तेरे   पसीने   के
शब[7]   का   दहका   हुआ   शबाब[8]   है   तू

अक्स[9]   है   मक्र   चांदनी   तेरा
दहकी   रातों   का   माहताब[10]   है   तू

पिघली   चांदी   में   शो'लों   की   करवट
मौजे-   बर्क़े-   तहे-   सहाब[11]   है   तू

मौज   ज़न[12]   नर्मी -ए- सबाहते-हुस्न[13]
सीना-ए-कहकशां   का[14]   ख़्वाब   है   तू

उफ़   ये   महकी   हुई   सुहानी   रात
चेहरा-ए-शब   की[15]   आबो-ताब[16]   है   तू

और   पिन्हां[17]   है   हुस्न   बे-पर्दा
और   पैदा[18]   तहे-नक़ाब[19]   है   तू

जैसे   ज़ेरे-शफ़क़[20]   चराग़ां[21]   हो
आज   यों   माइले-हिजाब[22]   है   तू

---

1. सम्बन्धित 2. दुःख-सुख 3. अत्याचार और कृपा 4. शाम देश के उस पहाड़ की तरह (जहाँ हज़रत मूसा ने खुदा के दर्शन किये थे) 5. दर्शन के लिए ईर्ष्या (का कारण) 6. पर्दा 7. रात 8. यौवन 9. प्रतिबिम्ब 10. चाँद 11. बादल की तह में बिजली की लहर 12. तरंगित 13. गोरे रंग की कोमलता 14. आकाश गंगा की छाती का 15. रात के चेहरे की 16. चमक-दमक 17. छुपा हुआ 18. प्रकट 19. नक़ाब में 20. सूर्योदय की लालिमा तले 21. दीपमाला 22. लज्जा या आवरण की ओर प्रवृत्त

तुझ से जोबन उजाली रातों पर
माहताबों का[1] माहताब है तू

ताज़गी खिले शिगूफ़ों की[2]
मुस्कुराता हुआ शबाब है तू

जिन पे पड़ती नहीं ख़िज़ां की छांव
उन बहारों की आबो-ताब है तू

आंख पड़ती है इक ज़माने की
बज़्मे-इमका[3] में इन्तिख़ाब[4] है तू

चशम मख़मूर पर मय-आशामी[5]
इन्हीं बातों से तो ख़राब है तू

जैसे नग़मे लबे-'फ़िराक़' पे[6] सोयें
सेज पर यूं ही महवे-ख़्वाब[7] है तू

---

1. चन्द्रमाओं का 2. कलियों की 3. सम्भावनाओं की सभा या संसार 4. चुना हुआ
5. मदिरापान 6. फ़िराक़ के होंठों पर 7. निद्रा मग्न

ये नर्म-नर्म हवा झिलमिला रहे हैं चराग़
तेरे ख़याल की खुशबू से बस रहे हैं दिमाग़

दिलों को तेरे तबस्सुम की[1] याद यूं आई
कि जगमगा उठें जिस तरह मंदिरों में चराग़

झलकती है खिंची शमशीर में नई दुनिया
हयातो-मौत के मिलते नहीं हैं आज दिमाग़

हरीफ़े-सीना-ए-मजरुह[2] औ आतिशे-ग़मे-इश्क़[3]
न गुल की चाक गरीबानियां[4] न लाले के दाग़

वो जिनके हाल में लौ दे उठे ग़मे-फ़र्दा[5]
वही हैं अंजुमने-ज़िन्दगी[6] के चश्मो-चराग़[7]

तमाम शो'ले-गुल[8] है तमाम मौजे-बहार[9]
कि ता-हदे-निगहे-शौक़[10] लहलहाते हैं बाग़

नई ज़मीन, नया आसमां, नई दुनिया
सुना तो है कि मुहब्बत को इन दिनों है फ़राग़[11]

जो तोहमतें[12] न उठीं इक जहां से उनके समेत
गुनाहगारे-मुहब्बत निकल गये बेदाग़

जो छुप के तारों की आंखों से पांव धरता है
उसी के नक़्शे-कफ़े-पा से[13] जल उठे हैं चराग़

---

1. मुस्कान की 2. घायल मन का शत्रु 3. इश्क़ के ग़म की आग 4. गरेबान फाड़ना
5. आने वाले कल का दुःख 6. जीवन-सभा 7. आँखों की ज्योति 8. पुष्प-अग्नि
9. वसन्त-तरंग 10. अभिरुचि रूपी दृष्टि की सीमा तक 11. छुट्टी, मुक्ति 12. आरोप
13. पाँव की धूल के चिह्नों से

जहाने-राज़[1] हुई जा रही है आंख तेरी
कुछ इस तरह वो दिलों का लगा रही हैं सुराग़[2]

ज़माना कूद पड़ा आग में यही कह कर
कि ख़ून चाट के हो जायेगी ये आग भी बाग़

निगाहें मतलए-नौ[3] पर हैं एक आलम[4] की
कि मिल रहा है किसी फूटती किरन का सुराग़

दिलों में दाग़े-मुहब्बत का अब ये आलम[5] है
कि जैसे नींद में डूबे हों पिछली रात चराग़

'फ़िराक़' बज़्मे-चराग़ां है महफ़िले-साक़ी
सजे हैं पिघली हुई आग से छलकते अयाग़[6]

ये कहकशाने-ग़ज़ल[7], सोज़ो-साज़े-नीम-शबी[8]
'फ़िराक़' मेरी ग़ज़ल ख़ुद ही रात ख़ुद ही चराग़

---

1. संसार का भेद 2. पता 3. नये आकाश पर 4. संसार 5. स्थिति 6. प्याले 7. आकाश गंगा रूपी ग़ज़ल 8. आधी रात की तपन और प्रसन्नता

मुझ को मारा हर इक दर्दो-दवा से पहले
दी सज़ा इश्क़ ने हर जुर्मो-ख़ता से पहले

आतिशे-इश्क़[1] भड़कती है हवा से पहले
होंठ जलते हैं मुहब्बत में दुआ से पहले

फ़ित्ने बर्पा हुए[2] हर ग़ुनचए-सर-बस्ता से[3]
खुल गया राज़े-चमन चाके-क़बा से[4] पहले

चाल है बादा-ए-हस्ती[5] का छलकता हुआ जाम
हम कहां थे तेरे नक़्शे-कफ़े-पा से पहले

अब कमी क्या है तेरे बे-सरो-सामानों को[6]
कुछ न था तेरी क़सम तर्को-फ़ना से[7] पहले

इश्क़े-बेबाक को दावे थे बहुत ख़ल्वत[8] के
खो दिया सारा भरम, शर्मो-हया से पहले

ख़ुद-ब-ख़ुद चाक हुए पैरहने-लालाओ-गुल[9]
चल गई कौन हवा बादे-सबा से[10] पहले

हम-सफ़र राहे-अदम में[11] न हो तारों भरी रात
हम पहुंच जायेंगे हर आबला-पा[12] से पहले

पर्दा-ए-शर्म में सद-बर्क़े-तबस्सुम के निसार[13]
होश जाते रहे नैरंगे-हया से[14] पहले

---

1. इश्क़ की आग 2. फ़साद मचे 3. मुँहबंद कली से 4. (उन्माद में) वस्त्र फाड़ने से
5. जीवन-मदिरा 6. निराश्रयों को 7. छोड़ने तथा मिटने से 8. एकांत 9. फूलों के वस्त्र
10. प्रभात समीर से 11. अनस्तित्व की राह में 12. जिसके पैरों में छाले पड़े हों 13. मुस्कान
की सैकड़ों बिजलियों के बलिहारी 14. लज्जा के जादू से

मौत के नाम से डरते थे हम ऐ शौक़े-हयात
तूने तो मार ही डाला था क़ज़ा[1] से पहले

बे तकल्लुफ़ भी तेरा हुस्ने ख़ुद आरा[2] था कभी
इक अदा और भी थी हुस्ने-अदा से पहले

ग़फ़लतें[3] हस्ती-ए-फ़ानी[4] की बता देंगी तुझे
जो मेरा हाल था एहसासे-फ़ना से[5] पहले

हम उन्हें पा के 'फ़िराक़' और भी कुछ खोये गये
ये तकल्लुफ़ तो न थे अहदे-वफ़ा से[6] पहले

---

1. मृत्यु 2. स्वयं को सँवारने वाला 3. असावधानियाँ 4. नश्वर जीवन 5. मृत्यु की अनुभूति से 6. प्रणय-प्रतिज्ञा से

उठने वाली है वो निगाहे-करम[1]

इश्क़ भी कुछ लगा है शर्माने

छिड़ गये साज़े-इश्क़ के गाने

खुल गये ज़िन्दगी के मयख़ाने

आज तो कुफ़्रे-इश्क़[2] चौंक उठा

आज तो बोल उठे हैं बुतख़ाने

कुछ गरां[3] हो चला है बारे-निशात[4]

आज दुखते हैं हुस्न के शाने[5]

बाद मुद्दत के तेरे हिज्र में[6] फिर

आज बैठा हूं दिल को समझाने

हासिले-हुस्नो-इश्क़[7] बस इतना

आदमी आदमी को पहचाने

तू भी आमादए-सफ़र[8] हो 'फ़िराक़'

क़ाफ़िले उस तरफ़ लगे जाने

---

1. कृपा-दृष्टि 2. इश्क़ रूपी अधर्म 3. बोझिल 4. प्रसन्नता का बोझ 5. कन्धे 6. जुदाई में 7. सौन्दर्य तथा प्रेम की प्राप्ति 8. यात्रा के लिए तत्पर

हर ज़र्रे[1] पर अब कैफ़ियते-नीम-शबी[2] है
ऐ साक़ी-ए-दौरां[3] ये गुनाहों की घड़ी है

मालूम है सैराबी-ए-सरचश्मा-ए-हैवां[4]
बस तश्ना लबी[5], तश्ना लबी, तश्ना लबी है

है रंग भी दोशीज़ा[6], तो है बू भी कुंवारी
सर-ता-ब-क़दम[7] वो कोई नाचीदा[8] कली है

ये सोच रहे हैं कि कहां आ गये हम लोग
ऐ दोस्त ग़रीबों की ग़रीबुल-वतनी[9] है

आई हुई अंगड़ाई की तस्वीर फ़ज़ा[10] थी
साक़ी तेरे मयखाने में जब सुब्ह हुई है

वो रंग हो या बू हो कि वो मौजे-सबा[11] हो
ऐ बाग़े-जहां जो भी यहां है सफ़री है

उस ज़ुल्फ़े-सियह ने मेरी हर शाम चुरा ली
ज़ेरे-गुले-आरिज़[12] मेरी हर सुब्ह छुपी है

तारों को, फ़ज़ाओं को, हवाओं को सुलाकर
ऐ रात कोई आंख अभी जाग रही है

जाओ न तुम इस गुमशुदगी पर[13] कि हमारे
हर ख़्वाब से इक अह्द[14] की बुनियाद पड़ी है

---

1. कण 2. आधी रात का नशा 3. कालचक्र रूपी साक़ी 4. अमृत कुण्ड का भरा-पूरा होना
5. प्यासे होंठ 6. खिला-खिला, अनछुआ 7. सिर से पाँव तक 8. बिना चुनी हुई 9. परदेस
10. वातावरण 11. पवन का झोंका 12. कपोलों के गुलाबों तले 13. खोये जाने पर 14. काल

हम लोग तेरा ज़िक्र अभी कर ही रहे थे
ऐ काकुले-शब रंग[1] तेरी उम्र बड़ी है

जागे हैं 'फ़िराक़' आज ग़मे-हिज्र में[2] ता सुब्ह[3]
आहिस्ता चले आओ अभी आंख लगी है

---

1. रात के रंग जैसे (काले) केश पाश 2. विरह के ग़म में 3. सुबह तक

ज़िन्दगी में ख़ुशी न दूर न पास

वस्ल[1] की रात और इतनी उदास

दिले-उम्मीदवार बात तो सुन

उनका मिलना नहीं क़रीने-क़यास[2]

सांस लेने में दर्द होता है

ज़िन्दगी की हवा कब आये रास

आज की रात साज़े-दर्द न छेड़

कर मुग़न्नी[3] हमारे ग़म का पास[4]

हर लिया है किसी ने सीता को

ज़िन्दगी है कि राम का बनवास

खातिरे-इश्क़[5] क्या शिगुफ़्ता[6] हो

आज मैं भी उदास तुम भी उदास

ढूंढता है मशाम[7] शायर का

ख़ंदए- गुल में[8] दर्द की बू-बास

बे ख़तर[9] है अज़ल से[10] कूचा-ए-ग़म[11]

तू गुज़र इस तरफ़ से बे उसवास[12]

ख़ाकदाने-जहां[13] को हेच[14] न जान

ज़र्रा - ज़र्रा है साहिबे-एहसास[15]

---

1. मिलन 2. अनुमानित 3. संगीतकार 4. लिहाज़ 5. इश्क़ का दिल 6. प्रफुल्ल 7. सूँघने की शक्ति 8. फूलों की हँसी में 9. भय रहित 10. अनादिकाल 11. ग़म की गली 12. शंका रहित 13. संसार रूपी कूड़ाघर 14. तुच्छ 15. अनुभूतिशील

दो जहां में कहां-कहां ले जाये
ज़िन्दगी को पिया मिलन की आस

ये धड़कता हुआ दिले-कौनेन[1]
कहो-मह का[2] तमव्वुजे-अनफ़ास[3]

आये दिन सौ क्रियामतें टूटें
कितनी गहरी है ज़िन्दगी की असास[4]

इल्म[5] कुछ, सानवी हक़ायक़[6] और
कायनाते – शुऊर[7], चंद क्रियास[8]

हैं दो आलम के[9] राज़दां[10] यूं तो
अहले-ग़म के बजा नहीं हैं हवास[11]

आज है कुछ बुझी-बुझी सी बहार
आज गुलशन भी है उदास-उदास

रसमसाते हुए-लबे-जां बख़्श[12]
दे इजाज़त कि मैं बुझा लूं प्यास

ज़िन्दगी के संवारने वालो
क्या किया ज़िन्दगी का सत्यानास

दौलते – शायरी लुटाएगा
सोज़ो-साज़े-निहां[13] का ये अफ़्लास[14]

जाने क्या डर समा गया दिल में
ज़िन्दगी को है ज़िन्दगी से हरास[15]

---

1. अभय लोक का दिल 2. छोटे बड़े का 3. साँसों का हिल्लोल 4. नींव 5. ज्ञान 6. अन्य वास्तविकतायें 7. बुद्धि की पूँजी 8. अनुमान 9. दोनों लोकों के 10. भेदी 11. होश ठिकाने नहीं 12. प्राणदायक होंठ 13. निहित 14. निर्धनता 15. भय

किस लिये खाएं सरख़ुशी[1] के फ़रेब
यही क्या कम है हो सकें कुछ उदास

याद कर कुछ 'फ़िराक़' के आंसू
आह वो यादगारे – शुक्रो – सिपास[2]

---

1. मस्ती 2. प्रशंसा और आभार की यादगार

राज़ को राज़ ही रक्खा होता
क्या कहना गर ऐसा होता

हुस्न से कब तक पर्दा करते
इश्क़ से कब तक पर्दा होता

कम कम उठतीं तेरी निगाहें
अक्सर ख़ून – तमन्ना[1] होता

कटते – कटते कटती रातें
होते – होते सवेरा होता

रात की रात कभी मेरा घर
तेरा रैन – बसेरा होता

इश्क़ ने मुझ से कमी की वर्ना
मुझ पर तेरा धोका होता

दुनिया – दुनिया, आलम – आलम[2]
होता इश्क़ और तनहा होता

दरिया – दरिया सहरा – सहरा[3]
रोता ख़ाक उड़ाता होता

आज तो दर्दे-हिज्र[4] भी कम है
आज तो कोई आया होता

आज तो साज़े-ख़मोश[5] है आलम[6]
आज तो उसको पुकारा होता

ये निरजन बन, ये सन्नाटा
कोई पत्ता खड़का होता

---

1. कामना की हत्या 2. संसार-संसार 3. जंगल-जंगल 4. विरह-पीड़ा 5. मौन बाजा
6. संसार

मैं हूं, शाम है तन्हाई है
तुम भी जो होते अच्छा होता

मेरी रगे-जां[1] दुख जाती जो
बाल भी तेरा बींका होता

तू गर अपने हाथ से देता
पैमाना,   पैमाना   होता

आंख उठा कर जान गंवा के
हुस्न का आलम[2] देखा होता

पर्दा दारी-ए-ग़म भी है साक़ी
तूने हाल तो पूछा होता

हम जो तुझे कुछ भूल भी जाते
दर्द - मुहब्बत   दूना   होता

कुछ तो मुहब्बत करके दिखाती
कुछ तो ज़माना बदला होता

इस से तो ऐ जागने वालों
सोया   होता,   खोया   होता

इश्क़ तो चुप है साज़े-मुहब्बत
तेरी नज़र ने छेड़ा होता

कोई कभी कुछ दिल ही दिल में
शर्माया,   पछताया   होता

मंज़िल-मंज़िल दिल भटकेगा
आज तुम्हीं ने रोका होता

हम भी 'फ़िराक़' इन्सान थे आख़िर
तर्के-मुहब्बत[3] से क्या होता

---

1. जीवन-नाड़ी 2. स्थिति 3. प्रणय-त्याग

सुकूते-शाम[1] मिटाओ बहुत अंधेरा है
सुख़न[2] की शम्'आं जलाओ, बहुत अंधेरा है

चमक उठेंगी सियह-बख़्तियां[3] ज़माने की
नवा-ए-दर्द[4] सुनाओ, बहुत अंधेरा है

हर चिराग़ से हर तीरगी[5] नहीं मिटती
चिराग़े-अश्क[6] जलाओ, बहुत अंधेरा है

दियारे-ग़म[7] में दिले-बेक़रार छूट गया
संभल के ढूंढने जाओ, बहुत अंधेरा है

ये रात वो है कि सूझे जहां न हाथ को हाथ
ख़यालो[8] दूर न जाओ, बहुत अंधेरा है

वो ख़ुद नहीं जो सरे-बज़्मे-ग़म[9] तो आज उसके
तबस्सुमों को[10] बुलाओ, बहुत अंधेरा है

ये तीरगी-ए-फ़ज़ाए-जहां[11] मुहब्बत के
नसीबे-ख़ुफ़्ता[12] जगाओ, बहुत अंधेरा है

पसे-गुनाह[13] जो ठहरे थे चश्मे-आदम में[14]
इन आंसुओं को बहाओ, बहुत अंधेरा है

फ़राज़े-दिल[15] को सदा दो कोई बतर्ज़े-कलीम[16]
चिराग़े-तूर जलाओ, बहुत अंधेरा है

---

1. शाम की चुप्पी 2. शायरी 3. दुर्भाग्य 4. दर्द भरी आवाज़ 5. अँधेरा 6. आँसुओं के दीये 7. ग़म रूपी नगर में 8. विचारों 9. ग़म रूपी सभा में 10. मुस्कानों को 11. संसार के वातावरण का अँधेरा 12. सोते भाग्य 13. पाप के बाद 14. मानव की आँखों में 15. मन की उच्चता 16. हजरत मूसा जैसा ढंग (उन्होंने तूर नामक पहाड़ पर ख़ुदा से बातें की थीं)

दिलों से सोज़े-निहां से[1] नए उफ़ुक़[2] के क़री[3]
इक आफ़ताब[4] बनाओ, बहुत अंधेरा है

हवा-ए-नीम शबी[5] हो कि चादरे-अंजुम[6]
नक़ाब रुख़ से[7] उठाओ, बहुत अंधेरा है

बिसाते-अर्ज़ो-समां के[8] तो बुझ चुके हैं कंवल
चिराग़ दिल के जलाओ, बहुत अंधेरा है

ग़मे-'फ़िराक़' की तनहाइयों की आहट पर
कशां-कशां[9] चले आओ, बहुत अंधेरा है

शबे-सियाह में[10] गुम हो गई है राहे-हयात[11]
क़दम संभल के उठाओ, बहुत अंधेरा है

बहस है ऐसे में बेदारी-ए-महो-अंजुम[12]
उन अंखड़ियों को जगाओ, बहुत अंधेरा है

ये ग़म की रात तो कटती नज़र नहीं आती
इक और रात बनाओ, बहुत अंधेरा है

गुज़श्ता अहद् की[13] यादों को फिर करो ताज़ा
बुझे चिराग़ जलाओ, बहुत अंधेरा है

थी एक उचटती हुई नींद ज़िन्दगी उसकी
'फ़िराक़' को न जगाओ, बहुत अंधेरा है

---

1. निहित तपन से 2. क्षितिज 3. निकट 4. सूर्य 5. आधी रात की हवा 6. सितारों की चादर (आकाश) 7. चेहरे से 8. धरती और आकाश के बिछौने के 9. खिंचे-खिंचे 10. काली रात में 11. जीवन-मार्ग 12. चाँद सितारों का जागरण 13. बीते काल की

हर उक़दए-तक़्दीरे-जहां[1] खोल रही है
हां ध्यान से सुनना ये सदी बोल रही है

अंगड़ाइयां लेती है तमन्ना तेरी दिल में
शीशे में परी नाज़ के पर तोल रही है

रह-रह के खनक जाती है साक़ी ये शबे-माह[2]
इक जाम पिला ख़ुनकी-ए-शब[3] बोल रही है

दिल तंग है शब को कफ़ने-नूर[4] पहना के
वो सुब्ह जो ग़ुन्चों की[5] गिरह खोल रही है

इक आग लगा देती है दीवानों के दिल में
ग़ुन्चों की रगों में जो तरी डोल रही है

छलकाती है जो आंख निगाहों से गुलाबी[6]
इस पर्दें में वो ज़हर भी कुछ घोल रही है

शबनम की दमक है कि शबे-माह की देवी
मोती सरे-गुलज़ारे-जहां[7] रोल रही है

रखती है मशीयत[8] हदे-परवाज़[9] जहां भी
इन्सान की हिम्मत वहीं पर तोल रही है

पहलू में शबे-तार[10] के है कौन सी दुनिया
जिस के लिए आग़ोश[11] सहर[12] खोल रही है

---

1. संसार के भाग्य की गाँठ या समस्या 2. चाँदनी रात 3. रात की ठंडक 4. प्रकाश का कफ़न 5. कलियों की 6. मदिरा 7. संसार वाटिका में 8. ईश्वरेच्छा 9. उड़ान की सीमा 10. अँधेरी रात 11. गोद 12. सुबह

हर आन[1] वो रग-रग में चटकती हुई कलियां
उस शोख़ की इक इक अदा बोल रही है

आमादा गुनह पर हैं जवानाने-चमन[2] आज
जो शाख़ है पैमाना-ए-मय[3] तोल रही है

खुश है दिले-ग़मगीं[4] भी ग़नीमत है ये वक़्फ़ा[5]
उसकी निगहे-नाज़ भी हँस बोल रही है

गो हुस्न की क़ीमत है अज़ल[6] ही से दो-आलम[7]
वो जिन्से-मुहब्बत[8] है जो अनमोल रही है

फिर अज़ सरे नौ[9] चौंकती जाती हैं निगाहें
ख़ामोश हैं अफ़लाक[10] ज़मीं बोल रही है

इक कश्फ़े-करामात का[11] आलम है गुलिस्तां
या बादे-सबा[12] राज़े-जहां खोल रही है

छिड़ते ही ग़ज़ल बढ़ते चले रात के साये
आवाज़ मेरी गेसु-ए-शब[13] खोल रही है

आता है 'फ़िराक़' आज इधर बहरे-ज़ियारत[14]
बुतख़ाने[15] की ख़ामोश फ़ज़ा बोल रही है

---

1. प्रतिक्षण 2. बाग़ के युवाजन 3. मदिरा पात्र 4. दुःखी मन 5. विराम 6. आदिकाल से
7. दोनों लोक 8. प्रेम रूपी सामग्री 9. नये सिरे से 10. आकाश 11. चमत्कार के प्रकटन
का 12. प्रभात समीर 13. रात के केश 14. दर्शनार्थ 15. मूर्तिगृह

नर्म फ़ज़ा की करवटें दिल को दुखा के रह गईं
ठंडी हवायें भी तेरी याद दिला के रह गईं

शाम भी थी धुआं-धुआं हुस्न भी था उदास-उदास
दिल को कई कहानियां याद सी आके रह गईं

मुझको ख़राब कर गई नीम-निगाहियां[1] तेरी
मुझ से हयातो-मौत भी आंखें चुरा के रह गईं

हुस्ने-नज़र-फ़रेब में[2] किस को कलाम[3] था मगर
तेरी अदायें आज तो दिल में समा के रह गईं

तब कहीं कुछ पता चला सिद्क़ो-ख़ुलूसे-हुस्न का[4]
जब वो निगाहे-इश्क़ से बातें बना के रह गईं

पूछ न उन निगाहों की तुर्फा करिश्मा साज़ियां[5]
फ़ित्ने[6] खुला के रह गईं फ़ित्ने जगा के रह गईं

तारों की आंख भी भर आई मेरी सदा-ए-दर्द पर[7]
उनकी निगाहें भी तेरा नाम बता के रह गईं

उफ़ ये ज़मीं की गर्दिशें,[8] आह ये ग़म की ठोकरें
ये भी तो बख़्ते-ख़ुफ़्ता के[9] शाने[10] हिला के रह गईं

और तो अहले-दर्द को[11] कौन संभालता भला
हां तेरी शादमानियां[12] उनको रुला के रह गईं

---

1. अधमुंदी आँखें 2. दृष्टि हर लेने वाली सुन्दरता में 3. सन्देह 4. सुन्दरता की सच्चाई और निष्कपटता का 5. अनोखे चमत्कार 6. उपद्रव 7. दर्द भरी आवाज़ 8. चक्र 9. सोये भाग्य के 10. कन्धे 11. पीड़ित प्रेमियों को 12. खुशियाँ

याद कुछ आई इस तरह भूली हुई कहानियां
खोये हुए दिलों में आज दर्द उठा के रह गई

साज़े-निशाते-ज़िन्दगी[1] आज लरज़-लरज़[2] उठा!
किस की निगाहें इश्क़ का दर्द सुना के रह गई

तुम नहीं आए और रात रह गई राह देखती
तारों की महफ़िलें भी आज आंखें बिछा के रह गई

झूम के फिर चलीं हवायें, वज्द में आई फिर फ़ज़ाएं[3]
फिर तेरी याद की घटाएं सीनों पे छा के रह गई

क़ल्बो-निगाह की[4] ये ईद, उफ़ मआले-क़ुर्बो-दीद[5]
चख़ की गर्दिशें[6] तुझे मुझ से छुपा के रह गई

फिर हैं वही उदासियां, फिर वही सूनी कायनात[7]
अहले-तरब की[8] महफ़िलें रंग जमा के रह गई

कौन सुकून[9] दे सका ग़म-ज़दगाने-इश्क़ को[10]
भीगती रातें भी 'फ़िराक़' आग लगा के रह गई

---

1. जीवन के प्रसन्नता रूपी साज़ 2. काँप-काँप 3. वातावरण झूम उठ 4. दिल और दृष्टि की 5. सामीप्य और दर्शन परिणाम 6. आकाश या काल के चक्र 7. ब्रह्माण्ड, संसार 8. हर्षितजनों की 9. शान्ति 10. ग़म के मारे हुए प्रेमीजनों की

क़फ़स से[1] छुट के वतन का सुराग़[2] भी न मिला
वो रंगे-लाला-ओ-गुल था कि बाग़ भी न मिला

खुला है होश में आकर फ़रेबे-बादा कशी[3]
सियाहकारों के[4] दामन को दाग़ भी न मिला

हरीफ़े-ख़िज़्र[5] था हर मस्ते-बादा-ए-इरफ़ां[6]
दलीले-राह[7] मगर इक चिराग़ भी न मिला

निगाहे-मस्त वहां ले गई मुहब्बत को
जहां का होशो-जुनूं के सुराग़ भी न मिला

ये जोशे-मय[8] ये भरा मैकदा[9], ये अब्र[10], ये बाद[11]
ज़हे-नसीब![12] कि ख़ाली अयाग़[13] भी न मिला

उम्मीदवार उसी के थे मेहमाने-बहार
उड़ी तो बू-ए-चमन का दिमाग़ भी न मिला

'फ़िराक़' मोजिज़ा-ए-सोज़ो-साज़[14] क्या करते
उभर सके जो किसी से वो दाग़ भी न मिला

---

1. पिंजरे या कारागार से 2. पता 3. मदिरापान का धोखा 4. दुराचारियों के 5. वयोवृद्ध पथ-प्रदर्शक का प्रतिद्वन्द्वी 6. ज्ञान रूपी मदिरा द्वारा मस्त 7. मार्ग का प्रमाण 8. मदिरा का जोश 9. मधुशाला 10. बादल 11. हवा 12. अहोभाग्य 13. प्याला 14. दुःख-सुख का चमत्कार

ये नकहतों की[1] नर्म रवी[2], ये हवा, ये रात
याद आ रहे हैं इश्क़ को टूटे ताल्लुक़ात
मायूसियों की गोद में दम तोड़ता है इश्क़
अब भी कोई बनाले तो बिगड़ी नहीं है बात

कुछ और भी तो हो इन इशारात के[3] सिवा
ये सब तो ऐ निगाहे-करम[4] बात बात बात

इक उम्र कट गई है तेरे इन्तिज़ार में
ऐसे भी हैं कि कट न सकी जिन से एक रात

कब तक रहेगी आंख तेरी साज़े-बे-सदा[5]
हां, टूट जाए अब ये सुकूते-नज़र[6] तो बात

हम अहले-इन्तिज़ार[7] के आहट पे कान थे
ठंडी हवा थी, ग़म था तेरा, ढल चुकी थी रात

यूं तो बची बची सी उठी वो निगाहे-नाज़
दुनिया-ए-दिल में हो ही गई कोई वारिदात[8]

उश्शाक़ ने[9] सिरे से बदल दीं मशीयतें[10]
जो हो सका वो कर गए, अब उसके आगे बात

जिनका सुराग़ पा न सकी ग़म की रूह भी
नादां, हुए हैं इश्क़ में ऐसे भी सानिहात[11]

---

1. सुगन्धों की 2. मंद गति 3. संकेतों के 4. कृपा दृष्टि 5. बिना स्वर का बाजा
6. दृष्टि का मौन 7. जिनके भाग्य में प्रतीक्षा हो 8. दुर्घटना 9. आशिक़ों ने 10. ईश्वरेच्छायें
11. दुर्घटनायें

हर सई-ओ-हर अमल में[1] मुहब्बत का हाथ है
तामीरे-ज़िन्दगी के[2] समझ कुछ मुहर्रिकात[3]

उस जा[4] तेरी निगाह मुझे ले गई जहां
लेती हो जैसे सांस ये बेजान कायनात[5]

क्या नींद आए उसको जिसे जागना न आए
जो दिन को दिन करे, वो करे रात को भी रात

दरिया के मद्दो-जज़र[6] भी पानी के खेल हैं
हस्ती ही के करिश्में[7] हैं क्या मौत क्या हयात

अहले-रज़ा में[8] शाने-बग़ावत भी हो ज़रा
इतनी भी ज़िन्दगी न हो पाबंदे-रस्मियात[9]

हम अहले-दिल हैं चश्मे-करम से[10] भी बे नियाज़
सुन ऐ निगाहे-यार अब अगर आ पड़ी है बात

हम अहले-ग़म ने रंगे ज़माना बदल दिया
कोशिश तो की सभी ने मगर बन पड़े की बात

पैदा करे ज़मीन नई, आस्मां नया
इतना तो ले कोई असरे-दौरे-कायनात[11]

उठ बंदगी से मालिके-तक़्दीर बन के देख
क्या वसवसा[12] अज़ाब[13] का क्या काविशे-नजात[14]

मुझ को तो ग़म ने फ़ुर्सते-ग़म भी न दी 'फ़िराक़'
दे फ़ुर्सते-हयात न जैसे ग़मे-हयात

---

1. प्रत्येक कार्य के प्रयास में 2. जीवन-निर्माण के 3. प्रेरक 4. जगह 5. ब्रह्माण्ड
6. ज्वार-भाटे 7. चमत्कार 8. ईश्वरेच्छा को स्वीकार करने वालों में 9. परिपाटियों की
पाबंद 10. कृपा दृष्टि से 11. संसार चक्र का प्रभाव 12. असमंजस 13. पाप फल
14. मुक्ति प्रयत्न

कुछ इशारे थे जिन्हें दुनिया समझ बैठे थे हम
उस निगाहे-आशना को[1] क्या समझ बैठे थे हम

रफ़्ता-रफ़्ता[2] ग़ैर अपनी ही नज़र में हो गए
वाह री ग़फ़लत[3] तुझे अपना समझ बैठे थे हम

होश की तौफ़ीक़[4] भी कब अहले-दिल को हो सकी
इश्क़ में अपने को दीवाना समझ बैठे थे हम

पर्दा-ए-आज़ुर्दगी में[5] थी वो जाने-इलतिफ़ात[6]
जिस अदा को रंजिशे-बेजा[7] समझ बैठे थे हम

क्या कहें उल्फ़त में[8] राज़े-बेहिसी[9] क्यों कर खुला
हर नज़र को तेरी दर्द-अफ़ज़ा[10] समझ बैठे थे हम

बेनियाज़ी[11] को तेरी पाया सरासर सोज़ो-दर्द[12]
तुझ को इक दुनिया से बेगाना समझ बैठे थे हम

इंक़िलाबे-पै-ब-पै[13] हर गर्दिशो-हर दौर में[14]
इस ज़मीनो-आस्मां को क्या समझ बैठे थे हम

भूल बैठी वो निगाहे-नाज़ अहदे-दोस्ती[15]
उस को भी अपनी तबीयत क्या समझ बैठे थे हम

---

1. परिचित दृष्टि को 2. धीरे-धीरे 3. चूक 4. सामर्थ्य 5. नाराज़ी के पर्दे में 6. कृपा मूर्ति
7. अनुचित नाराज़ी 8. प्रेम में 9. अनुभूतिहीनता का भेद 10. दुःखवर्धक 11. बेपरवाही
12. दुःख और तपन 13. निरन्तर परिवर्तन 14. प्रत्येक कालचक्र तथा काल में 15. मित्रता
का वचन

साफ़ अलग हमको जुनूने-आशिक़ी ने[1] कर दिया
ख़ुद को तेरे दर्द का पर्दा समझ बैठे थे हम

कान बजते हैं मुहब्बत के, सुक़ूते-नाज़ को[2]
दास्तां का ख़त्म हो जाना समझ बैठे थे हम

बातों बातों में पयामे-मर्ग[3] भी आ ही गया
उन निगाहों को हयात-अफ़ज़ा[4] समझ बैठे थे हम

अब नहीं ताबे-सिपासे-हुस्न[5] इस दिल को, जिसे
बेक़रारे-शिकवा-ए-बेजा[6] समझ बैठे थे हम

एक दुनिया दर्द की तस्वीर निकली, इश्क़ को
कोहकन[7] और क़ैस[8] का क़िस्सा समझ बैठे थे हम

रफ़्ता-रफ़्ता इश्क़ मानूसे-जहां[9] होता चला
ख़ुद को तेरे हिज्र में[10] तन्हा समझ बैठे थे हम

हुस्न को इक हुस्न ही समझे नहीं और ऐ 'फ़िराक़'
मेहरबां-नामेहरबां क्या-क्या समझ बैठे थे हम

---

1. प्रेमोन्माद ने 2. प्रिया के मौन को 3. मृत्यु सन्देश 4. जीवनवर्धक 5. प्रिय की प्रशंसा की शक्ति
6. व्यर्थ की शिकायत के लिए व्याकुल 7. फ़रहाद 8. मजनूँ 9. संसार से परिचित
10. जुदाई में

वो तवानाई – ए – मिज़ाज[1] नहीं
छोड़ दे मुझ को लेकिन आज नहीं

सरे – महमूद[2] और पा –ए– अयाज़[3]
आशिक़ी कुछ किसी का राज़ नहीं

मौत का भी इलाज हो शायद
ज़िन्दगी का कोई इलाज नहीं

हम तो कहते हैं वो ख़ुशी ही नहीं
जिस में कुछ ग़म का इम्तिज़ाज[4] नहीं

तुझ से छुट कर बड़ी फ़राग़त[5] है
अब मुझे कोई काम-काज नहीं

अब उन आंखों की और दुनिया है
अब मुरव्वत[6] का वां, रिवाज नहीं

अर्शो-काबा[7] हो दिल, वो दिल ही नहीं
जिस पे तेरी नज़र का राज नहीं

इस तरह जिस्मे-नाज़नीं को[8] न देख
अपनी आंखों की तुझ को लाज नहीं

कर न अर्ज़े-वफ़ा[9], 'फ़िराक़' कि अब
उन निगाहों का वो मिज़ाज नहीं

---

1. स्वभाव की दृढ़ता 2. गज़नी के बाद के बादशाह महमूद का सर 3. महमूद के गुलाम अयाज़ के पाँव (महमूद अयाज़ पर आशिक़ था) 4. मिश्रण 5. फुर्सत 6. शील संकोच 7. स्वर्ग या काबा 8. सुन्दरी के शरीर को 9. प्रेम निभाने की प्रार्थना

वो मायूसाने-ग़म से[1] वक़्त की घातें नहीं होतीं
'फ़िराक़' अब वो सहर ना-आशना[2] रातें नहीं होतीं
हम-आहंगी[3] भी तेरी दूरी-ए-क़ुर्बत-नुमा[4] निकली
कि तुझ से मिल के भी तुझ से मुलाक़ातें नहीं होतीं
वो आलम[5] और ही है जिस में मीठी नींद आ जाए
खुशी और ग़म में सोने के लिए रातें नहीं होतीं
ज़बानो-गोश[6] की नाकामियों का कुछ ठिकाना है
कि बातें हो के भी तुझ से, कभी बातें नहीं होतीं
अरे वाइज़[7] तेरी रस्मे-इबादत में[8] धरा क्या है
निगाहें अहले-दिल की कब मुनाजातें[9] नहीं होतीं
समझ कुछ राज़ हुस्नो-इश्क़ के शबहा-ए-हिज्रां में[10]
कि रोने के लिए ये दुख भरी रातें नहीं होतीं
लहक उठते थे गुलशन चार झोंकों चार छींटों में
हवायें वो नहीं चलतीं वो बरसातें नहीं होतीं
जिन्हें पाकर निगाहों में दो आलम[11] हेच[12] होते थे
अब उन नज़रों के हाथों में वो सौग़ातें नहीं होतीं
'फ़िराक़' ऐ काश सुनने वालों के सीनों में दिल होता
हक़ीक़त[13] होती है अशआर में[14] बातें नहीं होतीं

---

1. ग़म के कारण निराशा से 2. सुबह से अपरिचित 3. मिलाप, सहमति 4. सामीप्य जैसी दूरी 5. स्थिति 6. जबान तथा कान 7. धर्मोपदेशक 8. आराधना की रीति में 9. ईश्वर का स्तुतिगान 10. विरह की रातों में 11. दोनों लोक 12. तुच्छ 13. वास्तविकता 14. शे'रों में

न समझने की ये बातें हैं न समझाने की
ज़िन्दगी उचटी हुई नींद है दीवाने की

कम नहीं कुछ ग़मे-पिन्हां[1] तेरे नाकामों के
किस को फुर्सत है मेरे हिज्र के[2] ग़म ख़ाने की

निगहे-यास[3] किसी मस्त की क्यों आये न याद
साक़िया आह वही रूह थी मयख़ाने की

ये तेरी ज़ुल्फे-सियह, ये तेरी मस्ती भरी आंख
वहशतें[4] सब हैं इसी में तेरे दीवाने की

टपकी पड़ती है मय-ए-नाब[5], रिसे जाते हैं हाथ
ख़ैर साक़ी तेरे चटके हुए पैमाने की

ज़िन्दगी में दिले-बरबाद के हो ले बेचैन
फिर हवा-ए-चमने-इश्क़[6] नहीं आने की

खींच के रख दी तेरी लग़्ज़िशे-मस्ताना ने[7]
एक तस्वीर छलकते हुए पैमाने की

क्या है ये सिलसिलए-हस्ती-ए-पेचीदा दहर[8]
एक उतरी हुई जंजीर है दीवाने की

सुब्ह को देख जो आलम[9] है सरे-शम्अ[10] ख़मोश
रह गई बात सरे-बज़्म[11] तो परवाने की

---

1. निहित दुःख 2. वियोग 3. निराश-दृष्टि 4. दीवानगियाँ 5. मदिरा 6. इश्क़ रूपी वाटिका की हवा 7. मस्ती भरी डगमगाहट ने 8. पेच दर पेच संसार के अस्तित्व की शृंखला 9. स्थिति 10. दीपक के सिरहाने 11. महफ़िल में

पर्दा-ए-यास में[1] उम्मीद ने करवट बदली
शबे-ग़म[2] तुझ में कमी थी उसी अफ़साने की

सोज़े-ख़ामोशे-मुहब्बत[3] का भरम क़ाइम रख
इश्क़ में आहो- फ़ुग़ां[4] काम नहीं आने की

छुप गई शम्अ सरे-तूर[5] तमाशाई[6] से
दास्तां कहती हुई सांस उखड़ जाने की

अब किसे नेस्ती[7] कहिये किसे हस्ती कहिये
ज़िन्दगी मुझ को क़सम देती है मर जाने की

दामने-अब्र में[8] क्या बर्क़[9] का छुपना देखें
हमने देखी हैं अदाएं तेरे शर्माने की

उजले-उजले से कफ़न में सह्रे हिज्र[10] 'फ़िराक़'
एक तस्वीर हूं मैं रात के कट जाने की

---

1. निराशा के पर्दे में 2. ग़म या विरह की रात 3. मौन प्रेम की तपन 4. आर्तनाद 5. तूर नामक पहाड़ का दीपक (बिजली) जिसके द्वारा हजरत मूसा ने खुदा से बातें की थीं 6. हजरत मूसा की तमाशा देखने वाले से उपमा दी गयी है 7. अनस्तित्व 8. बादल के दामन में 9. बिजली 10. विरह की सुबह

किसी का यूं तो हुआ कौन उम्र भर फिर भी
ये हुस्नो-इश्क़ तो धोका है सब, मगर फिर भी

हज़ार बार ज़माना इधर से गुज़रा है
नई-नई सी है कुछ तेरी रहगुज़र फिर भी

कहूं ये कैसे इधर देख या न देख इधर
कि दर्द, दर्द है फिर भी, नज़र नज़र फिर भी

ख़ुशा[1] इशारा-ए-पैहम[2] ज़हे-सुकूते नज़र[3]
दराज़[4] हो के फ़साना है मुख़्तसर[5] फिर भी

झपक रही हैं ज़मानो-मकां[6] की भी आंखें
मगर है क़ाफ़िला आमादा-ए-सफ़र[7] फिर भी

शबे-फ़िराक़[8] से आगे है आज मेरी नज़र
कि कट ही जाएगी ये शामे-बे सहर[9] फिर भी

कहीं यही तो नहीं काशिफ़े-हयातो-मुमात[10]
ये हुस्नो-इश्क़ बज़ाहिर[11] हैं बेख़बर फिर भी

पलट रहे हैं ग़रीबुल-वतन[12] पलटना था
वो कूचा रुकशे-जन्नत[13] हो, घर है, घर फिर भी

लुटा हुआ चमने-इश्क़ है, निगाहों का
दिखा गया वही क्या क्या गुलो-समर[14] फिर भी

---

1. बहुत अच्छे 2. निरन्तर संकेत 3. वाह रे दृष्टि का मौन 4. लम्बा 5. संक्षिप्त
6. धरती-आकाश 7. यात्रा पर तत्पर 8. विरह की रात 9. वह रात जिसकी सुबह न हो
10. जीवन तथा मृत्यु के उद्घाटन 11. प्रत्यक्ष 12. परदेसी 13. स्वर्ग समान
14. फल-फूल

ख़राब हो के भी सोचा किये तेरे महजूर[1]
यही कि तेरी नज़र है तेरी नज़र फिर भी

हो बे-नियाज़े-असर[2] भी कभी तेरी मट्टी
वो कीमिया[3] ही सही रह गई कसर फिर भी

लिपट गया तेरा दीवाना गर्चे मंज़िल से
उड़ी-उड़ी सी है ये ख़ाके-रहगुज़र[4] फिर भी

तेरी निगाह से बचने में उम्र गुज़री है
उतर गया रगे-जां[5] में ये नेश्तर[6] फिर भी

ग़मे-फ़िराक़ के[7] कुश्तों का[8] हश्र[9] क्या होगा
ये शामे-हिज्र[10] तो हो जायेगी सहर फिर भी

फ़ना भी हो के गरांबारी-ए-हयात[11] न पूछ
उठाए उठ नहीं सकता ये दर्दे-सर फिर भी

सितम[12] के रंग हैं हर इल्तफ़ाते-पिनहां में[13]
करम-नुमा[14] हैं तेरे जौरे-सर-ब-सर[15] फिर भी

ख़ता मुआफ़ तेरा अफ़ू[16] भी है मिस्ले-सज़ा[17]
तेरी सज़ा में है इक शाने-दर-गुज़र फिर भी

अगरचे बेख़ुदी-ए-इश्क़ को[18] ज़माना हुआ
'फ़िराक़' करती रही काम वो नज़र फिर भी

---

1. त्यागे हुए 2. प्रभावहीन 3. रसायन 4. रास्ते की धूल 5. जीवन-नाड़ी 6. नश्तर
7. वियोग के दुःख के 8. मारों का 9. परिणाम 10. विरह की रात 11. जीवन का बोझ
12. अत्याचार 13 निहित कृपा में 14. कृपा रूपी 15. नितान्त अत्याचार 16. क्षमा 17. दण्ड
जैसा 18. इश्क़ में आत्मविस्मृति को

सौ सुकूतो-तम्कनत[1] तुझ पर निसार[2]

कुछ तो कह सुन ऐ निगाहे-शर्म सार[3]

मावरा – ए – क़ुर्बो – दूरी[4] हुस्ने – यार

लज़्ज़ते – दीदार[5] कैफ़े – इन्तिज़ार[6]

सर – ब – सर[7] इक मौजे-बर्क़े-बेक़्ररार[8]

क्या तकल्लुम[9], क्या तबस्सुम[10], क्या शिआर[11]

इन्तिज़ार और वो भी तेरा इन्तिज़ार

आ गया बीमारे-ग़म को भी क़रार

अब कियामत[12] और कहते हैं किसे

उफ़, ये कामत[13] ये जवानी, ये उभार

मुज़्तरिब[14] भी, पुर सुकं[15] भी, गुम भी इश्क़

शो'ला-दार[16] आईना-दार[17], आशुफ़्ता-दार[18]

इश्क़ को इतना है क्यों नाज़े-जुनूं[19]

हुस्न भी होता रहा है संगसार[20]

---

1. मौन और अभिमान 2. बलिहारी 3. लज्जित आँख 4. सामीप्य और दूरी से परे 5. दर्शन का आनन्द 6. प्रतीक्षा का आनन्द 7. साकार 8. तड़पती बिजली की लहर 9. बात करना 10. मुस्कान 11. चाल-ढाल 12. प्रलय 13. स्वरूप 14. व्याकुल 15. शान्त 16. चिंगारियाँ लिये हुए 17. प्रतीक 18. अस्त-व्यस्त 19. उन्माद का गौरव 20. एक प्रकार का दंड— दंडित को आधा ज़मीन में गाड़कर पत्थर से इतना मारना कि वह मर जाए

ज़िन्दगानी के लिये क्यों हो गई
दामने - दिल की[1] हवा नासाज़गार[2]

इश्क़ सर - ता - पा[3] सुकूने-दाईमी[4]
अक़्ल के हाथों गरीबां तार-तार[5]

चाल कुछ उस बर्क़े-जौलां की[6] न पूछ
जिस का कहना है कियामत आश्कार[7]

बे-महाबा[8] इन्क़िलाब आने को है
होशियार ऐ अहले - दुनिया होशियार

इश्क़ की दुनिया हयात अन्दर हयात
आलमे - इम्क़ां[10] मज़ार[11] अन्दर मज़ार

उस निगाहे-नाज़ का आलम न पूछ
जिसमें ख़्वाबीदा[12] है दौरे-रोज़गार[13]

ख़्वाब आलूदा[14] निगाहों की क़सम
बन हरीफ़े-शाहिदे-शब ज़िन्दादार[15]

हर अदा में आलमे - सुब्हे - विसाल[16]
हर निगाह में कैफ़े - शामे - इन्तिज़ार[17]

रात दिन क्या-ख़्वाबे-उक़्बा देखना[18]
रहती दुनिया से कभी हो ले दो चार

वो हवा बदली कि है अब इश्क़ की
शादमानी[19] वक़्फ़े - हुस्ने - सोगवार[20]

---

1. दिल रूपी आँचल की 2. प्रतिकूल 3. सिर से पाँव तक 4. स्थायी शान्ति 5. फटा हुआ
6. क़ैदी के पाँव में पड़ी बेड़ी की बिजली की चाल 7. प्रलय का प्रतीक 8. निःसंकोच
9. जीवन के भीतर जीवन 10. सम्भावानाओं का संसार 11. कब्र 12. सोया हुआ
13. कालचक्र 14. निद्रित 15. रात को जागने वाला शहीद (आशिक़) 16. मिलन की
सुबह की स्थिति 17. प्रतीक्षा की रात का आनन्द 18. परलोक का स्वप्न 19. प्रसन्नता
20. शोक ग्रस्त सौन्दर्य (प्रिया) को समर्पित

नाला -ए- दर्दे - फ़िराक़े - दोस्त[1] कर

गर न बिखरें गेसू -ए- शब-हा -ए- तार[2]

ऐ 'फ़िराक़' ऐसी भी क्या वारफ़्तगी[3]

यार को पाकर ये दर्दे - हिज्रे - यार[4]

---

1. प्रिया के वियोग की पीड़ा में आर्त्तनाद 2. अँधेरी रात जैसे केश 3. दीवानापन 4. प्रिया के वियोग की पीड़ा

मैंने देखी हैं आंखें मस्तो-अफ़सूंगर[1] कहां
साक़िया छूटा था मेरे हाथ से साग़र कहां

यूं उतरती जाने वाली ऐ निगाहे-शर्मगीं[2]
डूब कर देखें निकलता है तेरा नश्तर कहां

रह-रवाने कू -ए- जानां[3] आह इतनी ठोकरें
हम ने भी बे दस्तो-पा[4] हो के किया बिस्तर कहां

याद हैं लब-हाय-जानां की[5] तबस्सुम-रेज़ियां[6]
बात वो तुम में भला मौजे-मए-कौसर[7] कहां

ख़ून था कलियों का दिल, बादे-सबा[8] बेचैन थी
जल्वा-ए-गुलज़ार डूबे थे तेरे नश्तर कहां

जामे-दिल की[9] तह में मौजे-खूं[10] सी उठकर रह गई
छलका-छलका अपनी क़िस्मत में कोई साग़र कहां

आंखें भर आती हैं अक्सर पिछली शब को[11] ऐ 'फ़िराक़'
वो खुमारी चश्मे-साक़ी[12], वो भरे साग़र कहां

---

1. मस्त और जादू जगाने वाली 2. लज्जाशील दृष्टि 3. प्रिया की गली के चक्कर काटने वाले 4. बेसहारा 5. प्रिया के होंठों की 6. मुस्कानें बिखेरना 7. स्वर्ग की मदिरा-नदी की लहर 8. प्रभात समीर 9. दिल रूपी जाम की 10. लहू-तरंग 11. रात को 12. साक़ी की आँखों की ख़ुमारी

तुम हो जहां के शायद मैं भी वहीं रहा हूं
कुछ तुम भी भूलते हो कुछ मैं भी भूलता हूं

मिटता भी जा रहा हूं पूरा भी हो रहा हूं
मैं किस की आरजू हूं मैं किस का मुद्‌दआ[1] हूं

कैफ़े-फ़ना[2] भी मुझ में, शाने-बक़ा[3] भी मुझ में
मैं किस की इब्तिदा[4] हूं, मैं किसकी इन्तिहा[5] हूं

मंज़िल की यूं तो मुझ को कोई ख़बर नहीं है
दिल में किसी तरफ़ को कुछ सोचता चला हूं

दर्दे-फ़िराक़े-जानां[6] सोज़ो-गुदाज़े-पिन्हां[7]
आराम दे रहे हैं, आराम पा रहा हूं

हूं वो शुआ-ए-फ़र्दा[8] जो आंख मल रही है
वो सुरमगीं उफ़ुक़ पर[9] मैं थरथरा रहा हूं

हूं मौजे-आबे-हैवां[10] उठता हूं ख़ून होकर
मैं दर्दे-ज़िन्दगी हूं और दर्दे-ला दवा[11] हूं

जिस से शजर-हजर में[12] इक रूह दौड़ जाये
उस साजे-सर्मदी को[13] ग़ज़लों में छेड़ता हूं

मैं ऐ 'फ़िराक़' हुस्ने-दोशीज़गी-अज़ल[14] की
मासूमी-ए-नज़र हूं, मैं इश्क़ की ख़ता हूं

---

1. उद्देश्य 2. मृत्यु का आनन्द 3. जीवन की शान 4. शुरुआत 5. अन्त 6. प्रिया के वियोग की पीड़ा 7. निहित तपन और मृदुलता 8. आने वाले कल की किरन 9. अंजनमार या सुरमे के रंग जैसे क्षितिज पर 10. अमृतजल की लहर 11. ऐसा दर्द जिसकी कोई दवा न हो 12. पेड़ों और पत्थरों में 13. अनश्वर साज़ को 14. आदिकाल की कुँवारेपन की सुन्दरता

हम जाग रहे थे सीने में रह रह के खटक सी होती थी
गहरा सन्नाटा चार तरफ़ छाया था दुनिया सोती थी
बातों में कभी जो कट जाती थी अब आंखों में कटती है
ये रात पहाड़ सी इक दिन था जब कितनी छोटी होती थी
बेबाक नज़र के टहोकों से आंखें मलती हुई जाग उठी
ओ ग़ाफ़िल[1] इस वीराने में इक दर्द की दुनिया सोती थी
रहती दुनिया की आवाज़ें आ-आ-के जहां सर पीट गईं
वो गोरे-ग़रीबां की[2] बस्ती किन गहरी नींदों सोती थी
कट जाती है अब भी कटने को लेकिन इक वो भी ज़माना था
जब रात-रात सी होती थी जब सुब्ह-सुब्ह सी होती थी
सोते से किसी का उठना भी इक आलम होता था हमदम
बिखरे होते थे बाल, आंख भी नींद की माती होती थी
वो डूब-डूब के उभर आना, वह दर्द की तरह चमक जाना
ऐ क़ातिल किसी मासूम के ख़ूं में तेज़ छुरी मुंह धोती थी
वो रात 'फ़िराक़' है याद मुझे अब तक वो सुब्ह नहीं भूली
जो कटते-कटते कटती थी, जो होते-होते होती थी

---

1. बेखबर 2. परदेसियों की क़ब्रों की

वह रूठना तेरा आज आ रहा है याद मुझे
कहा था मैंने नहीं तेरा एतिमाद[1] मुझे
पकड़ लिया सरे-महशर[2] किसी ने हाथ मेरा
बस आज मिल गई अपनी वफ़ा की दाद मुझे
ये इन्क़िलाब[3] दिलों का भी कम हुआ होगा
न मैं हूं याद तुम्हें अब न तुम हो याद मुझे
तेरे फ़िराक़ में[4] ऐ यार शाम की दुनिया
दिला रही है किसी ग़मकदे[5] की याद मुझे
ख़िताब[6] फिर न किया तेरी बेनियाज़ी से[7]
थकी-थकी सी वो अर्ज़े-वफ़ा[8] है याद मुझे
सलामे-शौक़ कहा है ‘फ़िराक़’ ने तुझ को
मिला था मुद्दतों पर कल वह नामुराद मुझे

---

1. विश्वास 2. प्रलय क्षेत्र में 3. महापरिवर्तन 4. वियोग में 5. शोकगृह 6. सम्बोधन
7. बेपरवाही से 8. प्रणय-प्रार्थना

ज़ीरो-बम से साज़े-खिलक़त[1] के जहां बनता गया
ये ज़मीं बनती गई ये आस्मां बनता गया

दास्ताने-जौर[2] बेहद ख़ूं से लिखता ही रहा
क़तरा-क़तरा अश्के-ग़म का[3] बे करां[4] बनता गया

इश्क़े-तन्हा से हुई आबाद कितनी मंज़िलें
इक मुसाफ़िर कारवां-दर-कारवां बनता गया

मैं तेरे जिस ग़म को अपना जानता था वो भी तो
ज़ेबे – उन्वाने – हदीसे – दीगरां[5] बनता गया

बात निकले बात से जैसे वो था तेरा बयां
नाम तेरा दास्तां – दर – दास्तां बनता गया

हम को है मालूम सब रुदादे-इल्मो-फ़लसफ़ा[6]
हां हर ईमानो-यक़ीं[7] बहमो-गुमां[8] बनता गया

मैं किताबे-दिल में अपना हाले-ग़म लिखता रहा
हर वरक़[9] इक बाब-ए-तारीख़े-जहां[10] बनता गया

बस उसी की तर्जुमानी[11] है मेरे अशआर[12] में
जो सुकूते-राज़[13] रंगीं दास्तां बनता गया

मैंने सौंपा था तुझे इक काम सारी उम्र में
वो बिगड़ता ही गया ऐ दिल कहां बनता गया

---

1. सृष्टि रूपी बाजे के उतार-चढ़ाव से 2. अत्याचार की कहानी 3. दुःख के आँसुओं का
4. अथाह 5. अन्य लोगों की कहानी के शीर्षक की शोभा 6. ज्ञान तथा दर्शन की कहानी
7. विश्वास 8. भ्रम 9. पृष्ठ 10. संसार के इतिहास का परिच्छेद 11. दो भाषाओं का उल्था
12. शे'र का बहुवचन 13. मौन रहस्य

वारिदाते-दिल को[1] दिल ही में जगह देते रहे
हर हिसाबे-ग़म, हिसाबे-दोस्तां[2] बनता गया

मेरी घुट्टी में पड़ी है हो के हल[3] उर्दू ज़बां
जो भी मैं कहता गया हुस्ने-बयां बनता गया

वक़्त के हाथों यहां क्या-क्या ख़जाने लुट गये
एक तेरा ग़म कि गंजे-शायगां[4] बनता गया

सरज़मीने-हिन्द पर[5] अक़वामे-आलम के[6] 'फ़िराक़'
क़ाफ़िले बसते गए हिन्दोस्तां बनता गया

---

1. दिल की (प्रणय सम्बन्धी) घटनाओं को 2. मित्रों का हिसाब जो कभी चुकता नहीं होता 3. घुल-मिलकर 4. बादशाह ख़ुसरो का खजाना 5. भारत-भूमि पर 6. संसार भर की जातियों के

कमी न की तेरे वहशी ने[1] ख़ाक उड़ाने में
जुनूं का[2] नाम उछलता रहा ज़माने में
'फ़िराक़' दौड़ गई रूह सी ज़माने में
कहां का दर्द भरा था मेरे फ़साने में

जुनूं से भूल हुई दिल पे चोट खाने में
'फ़िराक़' देर अभी थी बहार आने में

उसी की शरह[3] है ये उठते दर्द का आलम
ये दास्तां थी निहां[4] तेरे आंख उठाने में

वो कोई रंग है जो उड़ न जाये ऐ गुलेतर[5]
वो कोई बू[6] है जो रुसवा न हो ज़माने में

वो आस्तीं है कोई लहू न दे निकले
वो कोई हुस्न है झिझके जो रंग लाने में

ये गुल खिले हैं कि चोटें जिगर की उभरी हैं
निहां बहार थी बुलबुल तेरे तराने में

बयाने-शम्अ[7] है हासिल[8] यही है जलने का
फ़ना की कैफ़ियतें[9] देख झिलमिलाने में

अब उनको मेहर क़ियामत की[10] आंख ढूंढती है
हुये जो खेप किसी की हया उठाने में

---

1. दीवाने ने 2. उन्माद का 3. व्याख्या 4. निहित 5. खिले हुए फूल 6. गंध 7. दीपक का कथन 8. प्राप्ति 9. मृत्यु के आनन्द 10. दैवीय कृपा की

कभी बयाने-दिले-ख़ूं-शुदा से[1] ये न खुला
भरी हैं किसने ये रंगीनियां फ़साने में

किसी की हालते-दिल सुन के उठ गईं आंखें
कि जान पड़ गई हसरत भरे फ़साने में

ग़रज़ कि काट दिये ज़िन्दगी के दिन ऐ दोस्त
वो तेरी याद में हों या तुझे भुलाने में

हमीं हैं गुल, हमीं बुलबुल, हमीं हवा-ए-चमन
'फ़िराक़' ख़्वाब ये देखा है क़ैदखाने में

---

1. हत-हृदय के कथन से

रात आधी से ज़ियादा गई थी सारा आलम[1] सोता था
नाम तेरा ले-ले कर कोई दर्द का मारा रोता था
चारागरो[2] से तसकीं[3] कैसी! मैं भी हूं इस दुनिया में
उन के ऐसा दर्द कब उट्ठा जिनको बचना होता था
कुछ का कुछ कह जाता था, मैं फ़ुर्कत की बेताबी में[4]
सुनने वाले हँस पड़ते थे, होश मुझे तब होता था
तारे अक्सर डूब चले थे रात के रोने वालों को
आने लगी थी नींद सी कुछ दुनिया में सवेरा होता था
तर्के-मुहब्बत[5] करने वालों, कौन ऐसा जग जीत लिया
इश्क़ से पहले के दिन सोचो, कौन बड़ा सुख होता था
दुनिया-दुनिया ग़फ़लत[6] तारी आलम-आलम बेख़बरी
हुस्न का जादू कौन जगाए एक ज़माना सोता था
उसके आंसू किसने देखे उसकी आहें किसने सुनीं?
चमन-चमन था हुस्न भी लेकिन दरिया-दरिया रोता था
पिछला पहर था हिज्र[7] की शब का जागता रब[8], सोता संसार
तारों की छाओं में कोई 'फ़िराक़' सा जैसे मोती पिरोता था

---

1. संसार 2. उपचार को 3. तसल्ली 4. विरह की बेचैनी में 5. प्रणय-त्याग 6. प्रमाद
7. विरह 8. ईश्वर

क्यों बेक़रार मेरी तबीयत है इन दिनों
भूली हुई अगरचे वो सूरत है इन दिनों

तुझ से हयाते-इश्क़ ने[1] उफ़ क्या असर लिया
हस्ती तमाम शुक्रो-शिकायत[2] है इन दिनों

वो आग लग रही कि धुआं है न आंच है
दर-पर्दा उस नज़र की शरारत है इन दिनों

वो माइले-करम[3] से, मैं उम्मीदवार सा
यानी नज़र मिलाने की फ़ुर्सत है इन दिनों

हैरत[4] न कर मलूल[5] न हो, बदगुमां न हो
कुछ ग़ैर[6] अहले-दर्द की[7] हालत है इन दिनों

लुत्फ़ो-सितम[8], फ़ना, ओ-बक़ा[9] से हूं बेनियाज़
किस चीज़ की न पूछिए हसरत है इन दिनों

गुम गश्तगी-ए-इश्क़[10] तो ख़ैर और चीज़ है
कुछ खोये रहने की मुझे आदत है इन दिनों

वो पूछते हैं वज्हे-सुकूतो-फ़ुसुर्दगी[11]
मैं सोचता हूं क्या मेरी हालत है इन दिनों

जैसे पलटने की भी अदा हो गुरेज़ में[12]
ये क़ुर्ब[13], ये फ़िराक़[14], मुसीबत है इन दिनों

---

1. प्रेम के जीवन ने 2. धन्यवाद तथा शिकायत 3. कृपा के लिए तत्पर 4. आश्चर्य
5. दु:खित 6. खराब 7. दर्द वालों (आशिक़ों) की 8. अत्याचार तथा अनुकम्पा 9. मृत्यु और
जीवन 10. इश्क़ में खो जाना या डूब जाना 11. मौन तथा उदासी का कारण 12. पलायन
या खिंचने में 13. नज़दीकी 14. जुदाई

अब कुफ्र के वो रंग, न ईमान के वो तौर[1]
वो आलमे-मजाज़ो-हक़ीक़त[2] है इन दिनों

क्यों मिल्लतें[3] न कुफ्र की सरसब्ज़ हों फिर आज
ज़ौके – गुनाह[4] पीरे – तरीक़त[5] है इन दिनों

गो बेनियाज़ हैं वो हर इक हाल से मगर
अर्बाबे-ग़म को[6] तेरी ज़रूरत है इन दिनों

इस बाब[7] में 'फ़िराक़' कई हैं रिवायतें[8]
ख़ुद मुझ को अपने हाल से ग़फ़लत है इन दिनों

बैठे बिठाए चुप नहीं लगती थी भूं तुझे
क्यों क्यों 'फ़िराक़' क्या तेरी हालत है इन दिनों

---

1. तरीक़े 2. अवास्तविकता तथा वास्तविकता की स्थिति 3. सम्प्रदाय 4. पाप की अभिरुचि
5. धर्मगुरु 6. ग़म वालों को 7. विषय 8. कथन

क्या कहें आए थे किस उम्मीद से किस दिल से हम
इक जनाज़ा बन के उठते हैं तेरी महफ़िल से हम

रफ़्ता-रफ़्ता[1] मौत की नींद आ गई हंगामे-ज़ब्ह[2]
सो गये अफ़साना-ए-बेदर्दी-ए-क़ातिल से[3] हम

अब मुहब्बत भी तेरी सअई-ए-तशफ़्फ़ी[4] बन गई
वर्ना यूं मायूस होते थे ज़रा मुश्किल से हम

अपना पैमाने-वफ़ा[5] फिर याद कर ले एक बार
आज होते हैं जुदा ऐ दोस्त तेरे दिल से हम

रूठ कर तुझ से बहुत बेदर्द हम भी हो गये
एक ख़ंजर हो गए जब से खिंचे क़ातिल से हम

निभ नहीं सकता कभी ऐसों का बाहम इर्तिबात[6]
फ़ितरतन[7] रखते हो नफ़रत, हक़[8] से तुम बातिल[9] से हम

आज कूचे में तेरे तुझ को ख़बर है या नहीं
हो गए रो कर जुदा ऐ दोस्त अपने दिल से हम

कट गई ऐ बहरे-ग़म[10] मौजों से[11] हँसते खेलते
बहते-बहते देख आख़िर आ लगे साहिल से हम

क्यों झिझक उठते हैं अंजामे-मुहब्बत से[12] 'फ़िराक़'
बा ख़बर[13] हैं उसके हर आसान, हर मुश्किल से हम

---

1. धीरे-धीरे 2. वध के समय 3. हत्यारे की हृदय-हीनता की कहानी से 4. सांत्वना का प्रयत्न 5. प्रणय-वचन 6. परस्पर प्रेम या मेलजोल 7. स्वभाव से 8. सत्य 9. असत्य 10. ग़म रूपी सागर 11. लहरों से 12. परिणय-परिणाम से 13. अवगत

शामे-ग़म[1] कुछ उस निगाहे-नाज़ की[2] बातें करो
बेख़ुदी[3] बढ़ती चली है राज़ की बातें करो

ये सुकूते-यास[4] ये दिल की रगों का टूटना
ख़ामशी में कुछ शिकस्ते-साज़ की[5] बातें करो

नक़हते - ज़ुल्फ़ें - परीशां[6] दास्ताने-शामे-ग़म
सुब्ह होने तक इसी अन्दाज़ की बातें करो

हर रगे-दिल-वज्द में आती रहे दुखती रहे
यूं ही उस के जा-ओ-बेजा[7] नाज़ की बातें करो

जो अदम की[8] जान है, जो है पयामे-ज़िन्दगी[9]
उस सुकूते-राज़[10], उस आवाज़ की बातें करो

इश्क़ रुसवा हो चला, बेक़ैफ़ सा बेज़ार सा
आज उस की नर्गिसे-ग़म्माज़ की[11] बातें करो

नाम भी लेना है जिस का इक जहाने-रंगो-बू[12]
दोस्तो उस नौ-बहारे-नाज़[13] की बातें करो

किसलिये उज़्रे-तग़ाफुल[14], किसलिये इल्ज़ामे-इश्क़
आज चर्ख़े-तफ़रिक़ा-पर्दाज़ की[15] बातें करो

---

1. विरह की रात 2. नाज़ों भरी प्रिया की नज़रों की 3. आत्मविस्मृति 4. निराशा की चुप्पी
5. साज़ के टूटने की 6. उलझे हुए केशों की सुगन्ध 7. उचित-अनुचित 8. अनस्तित्व की
9. जीवन संदेश 10. रहस्यमय मौन 11. चुग़लख़ोर आँखों की 12. रंग तथा सुगन्ध का संसार
13. प्रिया-रूपी नव-वसन्त 14. उपेक्षा का बहाना 15. भेद-भाव डालने वाले आकाश की

कुछ क्रफ़स की[1] तीलियों से छन रहा है नूर सा[2]
कुछ फ़ज़ा कुछ हसरते-परवाज़[3] की बातें करो

जो हयाते-जावेदां[4] है, जो है मर्गे-नागहां[5]
आज कुछ, उस नाज़, उस अन्दाज की बातें करो

इश्क़े-बेपरवाह भी अब कुछ नाशिकेबा[6] हो चला
शोख़ी-ए-हुस्ने-करिश्मा-साज़[7] की बातें करो

जिस की फ़ुर्क़त ने[8] पलट दी इश्क़ की काया 'फ़िराक़'
आज उस ईसा-नफ़स,[9] दमसाज़[10] की बातें करो

---

1. पिंजरे की 2. प्रकाश-सा 3. उड़ने की कामना 4. अनश्वर जीवन 5. अकस्मात् मृत्यु
6. धैर्यहीन 7. चमत्कारी सौन्दर्य की चंचलता 8. जुदाई ने 9. जिसकी फूँक से मृतक जी
उठें 10. मित्र

साग़रे-सुब्ह-चकां[1] लाओ कि कुछ रात कटे
नूरे-सैय्याल को[2] छलकाओ कि कुछ रात कटे

नग़मए-जल्वए-रुख़[3] गाओ कि कुछ रात कटे
शो'लए-इश्क़[4] को भड़काओ कि कुछ रात कटे

ये लटक और ठहरी फ़जा का ये सुकूत[5]
शब के[6] ऐ गेसुओ[7] बल खाओ कि कुछ रात कटे

भूले बिसरे हुए ग़म-हाय-रफ़्ता[8] याद आते हैं
तुम भी ऐसे में चले आओ कि कुछ रात कटे

चार-सू[9] चर्ख़ पे[10] छिटके हुए तारों की शुआओ[11]
रगे-ज़ुल्मात[12] को उकसाओ कि कुछ रात कटे

एक मुद्दत से फ़ज़ाओं में हैं शो'ले लपके
साज़े-शबनम ही को खनकाओ कि कुछ रात कटे

ओढ़नी उस की हवायें हैं कि तारों भरी रात
किसी घूंघट ही को सरकाओ कि कुछ रात कटे

आज हम में नहीं वो जाने-हया[13] किस से कहें
सुब्ह के रंग में शर्माओ कि कुछ रात कटे

तुम जुदा होगे तो हो जायेगी ये रात पहाड़
रात की रात ठहर जाओ कि कुछ रात कटे

---

1. सुबह टपकाने वाला मदिरा पात्र 2. पिघले प्रकाश (मदिरा) को 3. मुखड़े के दर्शनों का गीत 4. प्रेम-ज्वाला 5. मौन 6. रात के 7. केशों 8. बीते जीवन के ग़म 9. चारों ओर 10. आकाश पर 11. किरणों 12. अँधेरों की नस को 13. लज्जा की आत्मा (प्रिया)

ऐ किसी सोहबते-दोशीना[1] की यादों के नुक़ूश[2]
दर्द बन-बन के उठे, जाओ कि कुछ रात कटे

डबडबाए हुए हैं दीदा-ए-अंजुम[3] कब से
मुस्कुराते हुए आ जाओ कि कुछ रात कटे

आंच से जिन की फ़लक पर[4] दिले-अंजुम[5] हैं गुदाज़[6]
ग़म के वो साज़ उठा लाओ कि कुछ रात कटे

दौरे-साग़र को बनाए चलो दौरे-अफ़्लाक[7]
ग़मे-आफ़ाक़ को[8] बहलाओ कि कुछ रात कटे

जैसे तारों की चमक बहती हुई गंगा में
अहले-ग़म को[9] यूंही याद आओ कि कुछ रात कटे

इस ज़माने में कहां है कोई रूदादे-निशात[10]
ग़म के अफ़साने कहे जाओ कि कुछ रात कटे

उस की पलकों से जो रह-रह के छलक जाते थे
उन्हीं अफ़सानों को दोहराओ कि कुछ रात कटे

यादे-अय्याम की[11] पुरवाइयो धीमे-धीमे
'मीर'[12] की कोई ग़ज़ल गाओ कि कुछ रात कटे

दूं किन अल्फ़ाज़[13] में इस मिस्रा-ए-'मख़दूम'[14] को दाद
'ग़मज़दो तैशों को चमकाओ कि कुछ रात कटे'

आके महफ़िल में 'फ़िराक़' आज नहीं नग़्मा सरा[15]
जाके उस को भी बुला लाओ कि कुछ रात कटे

---

1. बीती संगत 2. चिह्न 3. सितारों की आँखें 4. आकाश पर 5. सितारों के दिल 6. पिघला हुआ 7. कालचक्र 8. संसार के ग़म को 9. जिनके भाग्य में ग़म है उनको 10. प्रसन्नता या हर्ष का वृत्तान्त 11. बीते दिनों की 12. ग़म के प्राचीन शायर–मीर 13. शब्दों में 14. क्रान्तिकारी शायर 'मख़दूम' की पंक्ति 15. गीत नहीं गा रहा

बहुत पहले से उन क़दमों की आहट जान लेते हैं
तुझे ऐ ज़िन्दगी हम दूर से पहचान लेते हैं

मेरी नज़रें भी ऐसे काफ़िरों की जानो-ईमां[1] हैं
निगाहें मिलते ही जो जान और ईमान लेते हैं

जिसे कहती है दुनिया कामियाबी वाए[2] नादानी
उसे किन क़ीमतों पर कामियाब इन्सान लेते हैं

निगाहे-बादागूं[3] यूं तो तेरी बातों का क्या कहना
तेरी हर बात लेकिन एहतियातन छान लेते हैं

तबीयत अपनी घबराती है जब सुनसान रातों में
हम ऐसे में तेरी यादों की चादर तान लेते हैं

ख़ुद अपना फ़ैसला भी इश्क़ में काफ़ी नहीं होता
उसे भी कैसे कर गुज़रें जो दिल में ठान लेते हैं

हयाते-इश्क़ का[4] इक इक नफ़स[5] जामे-शहादत[6] है
वो जाने-नाज़ बर दारा[7] कोई आसान लेते हैं

हम-आहंगी में[8] भी इक चाशनी है इख़्तिलाफ़ों की[9]
मेरी बातें बउन्वाने-दिगर[10] वो मान लेते हैं

तेरी मक़बूलियत की वज़्ह वाहिद[11] तेरी रमज़ीयत[12]
कि उस को मानते ही कब हैं जिसको जान लेते हैं

---

1. ईमान की आत्मा 2. अफ़सोस 3. मदिरा के रंग जैसी आँखें 4. इश्क़ के जीवन का
5. श्वास 6. आत्म बलिदान रूपी मदिरा पात्र 7. नाज़ उठाने वाले 8. सहमति में
9. असहमतियों की 10. अन्य शीर्षक के अधीन 11. एकमात्र 12. इशारा या रहस्यात्मकता

अब इस को कुफ़्र मानें या बुलन्दी-ए-नज़र जानें
ख़ुदा-ए-दोजहां को दे के हम इन्सान लेते हैं

जिसे सूरत बताते हैं पता देती है सीरत[1] का
इबारत[2] देख कर जिस तरह मानी[3] जान लेते हैं

तुझे घाटा न होने देंगे कारो-बारे-उल्फ़त में[4]
हम अपने सर तेरा ऐ दोस्त हर नुक़्सान लेते हैं

हमारी हर नज़र तुझ से नई सौगंध खाती है
तो तेरी हर नज़र से हम नया पैमान[5] लेते हैं

रफीक़े-ज़िन्दगी[6] थी अब अनीसे-वक़्ते-आख़िर[7] है
तेरा ऐ मौत हम ये दूसरा एहसान लेते हैं

ज़माना वारिदाते-क़ल्ब[8] सुनने को तरसता है
उसी से तो सर आँखों पर मेरा दीवान[9] लेते हैं

'फ़िराक़' अकसर बदल कर भेस मिलता है कोई काफ़िर
कभी हम जान लेते हैं कभी पहचान लेते हैं

---

1. चरित्र 2. लेख 3. अर्थ 4. प्रेम व्यापार में 5. प्रतिज्ञा 6. जीवन-साथी 7. अन्तिम समय की मित्र 8. मन की दुर्घटना 9. काव्य-संग्रह

अब अकसर चुप-चुप से रहे हैं यूं ही कभू लब खोले हैं
पहले 'फ़िराक़' को देखा होता, अब तो बहुत कम बोले हैं

दिन में हम को देखने वालो अपने-अपने हैं औकात[1]
जाओ न तुम इन ख़ुश्क आंखों पर हम रातों को रो ले हैं

फ़ितरत[2] मेरी इश्क़ो-मुहब्बत, क़िस्मत मेरी तन्हाई
कहने की नौबत ही न आई हम भी कसू के हो ले हैं

बाग़ में वो ख़्वाब आवर[3] आलम[4] मौजे-सबा[5] के इशारों पर
डाली डाली नौरस पत्ते सहस सहज जब डोले हैं

उफ़ वो लबों पर मौजे-तबस्सुम[6] जैसे क़रवटें लें कौंदें
हाय वो आलम जुंबिशे-मिज़गां[7] जब फ़ित्ने पर तोले हैं

नकशो-निगारे-ग़ज़ल[8] में जो तुम ये शादाबी पाओ हो
हम अश्कों में कायनात के[9] नोके-क़लम को डुबो ले हैं

इन रातों को हरीमे-नाज़ का[10] इक आलम होये है नदीम
खल्वत में[11] वो नर्म उंगलियां बंदे-क़बा[12] जब खोले हैं

ग़म का फ़साना सुनने वालो आख़िरे-शब[13] आराम करो
कल ये कहानी फिर छेड़ेंगे हम भी ज़रा अब सो ले हैं

हम लोग अब तो पराये से हैं कुछ तो बताओ हाले-'फ़िराक़'
अब तो तुम्हीं को प्यार करे हैं अब तो तुम्हीं से बोले हैं

---

1. वक़्त का बहुवचन 2. स्वभाव 3. नींद लाने वाला 4. वातावरण 5. प्रभात समीर की
तरंग 6. मुस्कान-तरंग 7. भृकुटि का हिलना 8. ग़ज़ल में सुन्दर चित्रकारी 9. ब्रह्माण्ड के
आँसुओं में 10. प्रिया के अंतःपुर का 11. एकान्त में 12. चोली का बंद 13. रात के अन्त में

लबे-जानां[1] हैं फिर तबस्सुम-रेज़[2]

हो गई नब्ज़े-कायनात[3] भी तेज़

निगाहे-नाज़ के भी साज़ न छेड़

ये भी है इक सदा-ए-दर्दे-अंगेज़[4]

हैं वही पर्दादारे - सब्रो - सुकूँ[5]

ख़ामुशी जिनकी है क़ियामत-खेज़[6]

कीजिये क्या जो हो ये सूरते-हाल

इश्क़ बेताब हुस्न कम-आमेज़[7]

रुख़सत ऐ मिल्लते-कुहन[8] कि तेरा

हो गया जामे-ज़िन्दगी लबरेज़[9]

कशिशे - हुस्ने - यार[10] आलमगीर[11]

इश्क़ को अपनी ज़ात से भी गुरेज़[12]

उफ़ सियहकारियां[13] निगाहों की

आह अन्दाज़े - गेसु - ए - शबरेज़[14]

दौरे-इन्सानियत की शान तो देख

गर्द है आज सतवते - चंगेज़[15]

---

1. प्रेयसी के होंठ 2. मुस्कान बिखेर रहे हैं 3. ब्रह्माण्ड की नाड़ी 4. पीड़ावर्धक आवाज़
5. शान्ति और सन्तोष को छुपाने वाले 6. प्रलय रूपी 7. संकोचशील 8. जीर्ण समाज 9. भर
गया 10. प्रिया के सौन्दर्य का आकर्षण 11. सार्वभौम 12. खिंचाव, संकोच 13. दुराचार
14. रात बिखेरने वाले केशों की अदा 15. चंगेज़ का दबदबा

ले उड़ी कायनाते - बक्रे - जमाल[1]
तौसने-नाज़ को[2] न कर महमेज़[3]

हिज्र[4] इक दर्दे - इंबिसात - आगीं[5]
वस्ल[6] की इक निशाते-ग़म अंगेज़[7]

देख सीने में पड़ न जाये लकीर
है ये सहबा-ए-इश्क़[8] तुन्द और तेज़

देख रफ़्तारे - इंक़िलाब 'फ़िराक़'
कितनी आहिस्ता और कितनी तेज़

---

1. सौन्दर्य की नज़ाकत का संसार 2. नाज़ रूपी चंचल घोड़े को 3. ऐड़ न लगा 4. वियोग
5. सुखदायक पीड़ा 6. मिलन 7. दु:खदायक आनन्द 8. इश्क़ रूपी शराब

रस्मो-राहे-दहर[1] क्या जोशे-मुहब्बत भी तो हो
टूट जाती है हर इक ज़ंजीर-वहशत[2] भी तो हो
ज़िन्दगी क्या, मौत क्या, दो करवटें हैं इश्क़ की
सोने वाले चौंक उट्ठेंगे क़ियामत भी तो हो

हर चय बादा बाद[3] के नारों से दुनिया कांप उठी
इश्क़ के इतना कोई बरगशता-क़िस्मत[4] भी तो हो
कारज़ारे-दहर में[5] हर कैफ़[6] हर मस्ती बजा
कुछ शरीके-बेखुदी[7] रिनदाना जुर्रत[8] भी तो हो
कम नहीं अहले-हवस की[9] भी ख़याल आराईयां[10]
ये फ़ना[11] की हद से भी बढ़ जायें हिम्मत भी तो हो
कुछ इशाराते-निहां[12] हों तो निगाहे-नाज़ के
भांप लेंगे हम, ये महफ़िल रश्के-ख़ल्वत[13] भी तो हो
अब तो कुछ अहले-रज़ा[14] भी हो चले मायूस से
हर जफ़ा-ए-नारवा[15] की कुछ निहायत[16] भी तो हो
हर नफ़स से[17] आये बू-ए-आतिशे-सैयाले-इश्क़[18]
आग वो दिल में, लहू में वो हरारत भी तो हो

---

1. संसार के रीति-रिवाज 2. दीवानापन 3. जो हो सो हो 4. अभागा 5. संसार रूपी कर्मक्षेत्र में 6. आनन्द 7. आत्मविसर्जन में शामिल 8. शराबियों जैसा साहस 9. लोलुपजनों की 10. विचारों की उड़ान 11. मृत्यु 12. निहित संकेत 13. एकांत के लिए ईर्ष्या 14. आज्ञाकारी 15. अनुचित अत्याचार 16. अति 17. श्वास से 18. इश्क़ रूपी पिछली आग की गंध

ये तेरे जल्वे, ये चश्मे-शौक़ की[1] हैरानियां
बर्क़े-हुस्ने-यार[2] नज़्ज़ारे की फ़ुर्सत भी तो हो

गर्दिशे-दौरां में[3] इक दिन आ रहेगा होश भी
ख़त्म ऐ चश्मे-सियह ये दौरे-ग़ाफ़लत[4] भी तो हो

हर दिले-अफ़्सुर्दा से[5] चिंगारियां उड़ जायेंगी
कुछ तेरी मासूम आंखों में शरारत भी तो हो

अब वो इतना भी नहीं बेगाना-ए-वज्हे-मलाल[6]
पुर्सिशे-ग़म[7] उस को आती है, ज़रूरत भी तो हो

एक सी हैं अब तो हुस्नो-इश्क़ की मजबूरियां
हम हों या तुम हो वो अहदे-वा-फ़राग़त[8] भी तो हो

देखकर रंगे-मिज़ाजे-यार क्या कहिये 'फ़िराक़'
इस में कुछ गुंजाइशे-शुक्रो-शिकायत[9] भी तो हो

---

1. उत्सुक आँखों की 2. प्रेयसी के सौन्दर्य की बिजली 3. कालचक्र में 4. अचेता का काल 5. उदास मन से 6. दुःख के कारण से बेपरवाह 7. सहानुभूति 8. अवकाशकाल 9. धन्यवाद या शिकायत करने की गुंजाइश

ये इज्तिराब[1] क्या है, हाल क्या है, मुद्दुआ[2] क्या है
वो देखते तो जानता, वो पूछते तो सोचता
तड़पने दे किसी को क्या किसी को चैन दे तो क्या
तेरी नज़र की पै-ब-पै[3], ये जुंबिशे-सुकूँ-नुमा[4]
है यूं तो बे नियाज़ियों को[5] तेरी लाख मशग़ले
जो हो सके तो अहले-दर्द को भी याद आए जा
बस एक रहवरे-राहे-इश्क़ का[6] पयाम[7] है
न होश ही से मोड़ मुंह, न ग़फ़लतों से[8] बाज़ आ
कहां तक इक जहां के वहमे-नौ-ब-नौ को[9] रोइये
ये सच है कि हुस्न बा वफ़ा, बजा कि इश्क़ बे ख़ता
ये सोज़ो-साज़े इश्क़ मावरा-ए-वस्लो हिज्र[10] है
हज़ारों ऐसी हसरतों को ख़ाक में मिला दिया
मुझे भी याद है वो शामे-हिज्र की हिकायतें[11]
वो दर्द सा रुका रुका, वो अश्क़[12] सा थमा थमा
ख़्याले-रब्ते-बाहमी[13] मुझे भी है उसे भी है
ये आरज़ू अलग-अलग, ये मुद्दुआ जुदा जुदा
गुलों की जल्वागाहे-नाज़ में[14] न ढूंढ अब मुझे
मैं नक़्श[15] था मिटा दिया, चिराग़ था बुझा दिया

---

1. व्याकुलता 2. उद्देश्य 3. निरन्तर 4. शान्त हरकत 5. बेपरवाहियों का 6. प्रेम मार्ग के राही का 7. सन्देश 8. बेपरवाहियों से 9. नित नये भ्रम को 10. मिलन तथा जुदाई से उच्च 11. कहानियाँ 12. आँसू 13. परस्पर सम्बन्ध का विचार 14. सुन्दरियों के नाज़ों भरे दर्शन-स्थल में 15. रेखाचित्र

मिटे न सोज़े-ज़िन्दगी जुदाइयों का ग़म न कर
ये क़ौले-इश्क़[1] याद रख, वो अहदे-हुस्न[2] भूल जा

सदा-ए-बाज़गश्त[3] भी दयारे-इश्क़[4] में नहीं
जवाब की तो ख़ैर उम्मीद क्या हां मगर पुकारे जा

उन्हीं से उठ रहे हैं शो'लए-नवा-ए-सरमदी[5]
बस इक सोज़े-बे-असर[6], बस एक साज़े बेसदा[7]

न पूछ नश्शा-ओ-खुमारे वादा जहां-फ़िगन[8]
वो रिफ़अतें[9] अदम-ब-दोश-पस्तियां[10] फ़लकनुमा[11]

कहां निगाहे-नाज़ और कहां ये नक़्शे-आरज़ू[12]
बढ़ा दिया, घटा दिया, बना दिया, मिटा दिया

फ़ज़ा-ए-कायनात[13] आंख खोलती चली 'फ़िराक़'
ये नग़्मा-हा-ए-ज़िन्दगी[14] सुनाए जा सुनाए जा

❑❑❑

---

1. इश्क़ का कथन 2. सौन्दर्य का वचन 3. प्रतिध्वनि 4. प्रेम नगर 5. अनश्वर स्वाद की लपटें 6. प्रभावहीन तपन 7. बिना स्वर का साज़ 8. संसार को गिराने वाली शराब का नशा 9. ऊँचाइयाँ 10. नीचाइयाँ 11. आकाश जैसी 12. कामना का चित्र 13. ब्रह्माण्ड का वातावरण 14. जीवन गीत

www.ingramcontent.com/pod-product-compliance
Lightning Source LLC
LaVergne TN
LVHW090404160726

843469LV00038B/518